U0645148

READING

不如讀書

经典·屈原·楚辞

王德威——总召集　柯庆明——总策划　傅锡壬——编著

楚辞

人民东方出版传媒
People's Oriental Publishing & Media
東方出版社
The Oriental Press

图书在版编目（CIP）数据

经典·屈原·楚辞 / 傅锡壬 编著 . —北京：东方出版社，2022.4
（人与经典 / 王德威总召集，柯庆明总策划）
ISBN 978-7-5207-2273-5

Ⅰ . ①经… Ⅱ . ①傅… Ⅲ . ①屈原（约前 340- 约前 278）—人物研究
②楚辞研究 Ⅳ . ① K825.6

中国版本图书馆 CIP 数据核字（2021）第 126155 号

经典·屈原·楚辞

编　　著：傅锡壬
责任编辑：王夕月　邢　远
出　　版：东方出版社
发　　行：人民东方出版传媒有限公司
地　　址：北京市西城区北三环中路 6 号
邮　　编：100120
印　　刷：北京联兴盛业印刷股份有限公司
版　　次：2022 年 4 月第 1 版
印　　次：2022 年 4 月第 1 次印刷
开　　本：880 毫米 ×1230 毫米　1/32
印　　张：10.75
字　　数：186 千字
书　　号：ISBN 978-7-5207-2273-5
定　　价：68.00 元
发行电话：（010）85924663　85924644　85924641

『人与经典』总序

王德威

“人与经典”是麦田出版公司于创业二十周年之际所推出的一项人文出版计划。这项计划介绍广义的中国经典作品，以期唤起新一世代读者接触人文世界的兴趣。取材的方向主要来自文学、历史、思想方面，介绍的方法则是以浅近的叙述、解析为主，并辅以精华篇章导读。类似的出版形式过去也许已有先例，但“人与经典”强调以下三项特色：

· 我们不只介绍经典，更强调“人”作为思考、建构，以及阅读、反思经典的关键因素。因为有了“人”的介入，才能激发经典丰富多元的活力。

· 我们不仅介绍约定俗成的经典，同时也试图将经典的版图扩大到近现代的重要作品。以此，我们强调经典承先启后、日新又新的意义。

· 我们更将“人”与“经典”交汇的现场定位在当代中国的台湾。我们的撰稿人都与台湾渊源深厚，也都对台湾的人文未来有共同的信念。

经典意味着文明精粹的呈现，具有强烈传承价值，甚至不乏“原道”“宗经”的神圣暗示。现代社会以告别传统为出发点，但是经典的影响依然不绝如缕。此无他，在时间的长河里我们毕竟不能，也没有必要忽视智慧的积累，切割古今的关联。

但是经典岂真是一成不变、“万古流芳”的铁板一块？我们记得陶渊明、杜甫的诗才并不能见重于当时，他们的盛名都来自身后多年或多个世纪。元代的杂剧和明清的小说曾经被视为诲淫诲盗，成为经典只是近代的事。晚明顾炎武、黄宗羲的政治论述到了晚清才真正受到重视，而像连横、赖和的地位则与台湾的历史经验息息相关。至于像《诗经》的诠释从圣德教化到纯任自然，更说明就算是毋庸置疑的经典，它的意义也是与时俱变的。

谈论、学习经典因此不只是人云亦云而已。我们反而应该强调经典之所以能够可长可久，正因为其丰富的文本及语境每每成为辩论、诠释、批评的焦点，引起一代又一代的对话与反思。只有怀抱这样对形式与情境的自觉，我们才能体认所谓经典，包括了人文典律的转换，文化场域的变迁，政治信念、道德信条、审美技巧的取舍，还有更重要的，认识论上对知识和权力、真理和虚构的持续思考辩难。

以批判“东方学”（Orientalism）知名的批评家爱德华·萨义德（Edward Said，1935 —2003）一生不为任何主义或意识形态背书，他唯一不断思考的“主义”是人文主义。对萨义德而言，人文之为“主义”恰恰在于它的不能完成性和不断尝试性。以这样的姿态来看待文明传承，萨义德指出经典的可贵不在于放诸四海而皆准的标杆价值，而在于经典入世的，以人为本的、日新又新的巨大能量。

萨义德的对话对象是基督教和伊斯兰教文明，两者各有其神圣不可侵犯的宗教基础。相形之下，中国的人文精神，不论儒道根源，反而显得顺理成章得多。我们的经典早早就发出对“人之所以为人”的大哉问。屈原徘徊江边的浩叹，王羲之兰亭欢聚中的警醒，李清照乱离之际的感伤，张岱国破家亡后的追悔，鲁迅礼教吃人的控诉，千百年来的声音回荡在我们四周，不断显示人面对不同境遇——生与死、信仰与背离、承担与隐逸、大我与小我、爱欲与超越……的选择和无从选择。

另一方面，学者早已指出“文”的传统语源极其丰富，可以指文饰符号、文章学问、文化气质，或是文明传承。“文学”一词在汉代已经出现，历经演变，对知识论、世界观、伦理学、修辞学和审美品味等各个层次都有所触及，比起来，现代“纯文学”的定义反而显得谨小慎微了。

从《诗经》《楚辞》到《左传》《史记》，从《桃花源记》到《病梅馆记》，从李白到曹雪芹，将近三千年的传统虽然只能点到为止，但已经在在显示古典历久弥新的道理。《诗经》质朴的世界仿佛天长地久，《世说新语》里的人物到了今天也算够“酷”，《红楼梦》的款款深情仍然让我们悠然神往，而荀子的《劝学》、顾炎武的《廉耻》、郑用锡的《劝和论》与我们目前的社会、政治岂不有惊人关联性？

“郁郁乎文哉”：人文最终的目的不仅是审美想象或是启蒙革命，也可以是“兴、观、群、怨”，或“心斋”“坐忘”，或“多识草木鸟兽之名”，以至“观乎人文，以化成天下”。人与文是我们生活或生命的一部分。传统理想的文人应该是文质彬彬，然后君子。转换成今天的语境，或许该说文学能培养我们如何在社会里做个通情达理、进退有节的知识人。

“人与经典”系列从构思、选题到邀稿，主要得力于柯庆明教授的大力支持。柯教授是台湾人文学界的标杆性人物，不仅治学严谨，对台湾人文教育的关注尤其令人敬佩。此一系列由柯教授担任总策划，是麦田出版公司最大的荣幸。参与写作的专家学者，都是台湾学界的一流人选。他们不仅为所选择书写的经典做出最新诠释，他们本身的学养也是台湾多年来人文教育成果的最佳见证。

王德威，美国哈佛大学 Edward C. Henderson 讲座教授

『人与经典』总导读

柯庆明

一乡之善士，斯友一乡之善士。一国之善士，斯友一国之善士。天下之善士，斯友天下之善士。以友天下之善士为未足，又尚论古之人。颂其诗，读其书，不知其人，可乎？是以论其世也。是尚友也。

上述孟子谓万章（万章是孟子喜爱的高足）的一段话，或许最能诠释孔子所谓“无友不如己者”之义，因为这里的“如”或“不如”，就孔子而言是从“主忠信”一点立论，而就孟子而言，则从其秉性或作为是否足称“善士”，而更作“一乡”“一国”“天下”之区别，以见其心量与贡献之大小，充分反映的就是一种“同明相照，同气相求”的渴望。这种不谋其利而仅出于“善善同其清”的道义相感，或许就是所谓“交友”最根本的意义：灵魂寻求他们相感相应的伴侣，“知己”因而是个无限温馨而珍贵的词语。

但是“善士”们，不论是“一乡”、“一国”或“天下”之层级，在这高度繁复流动的现代世界里，大家未必皆有机缘相识相交而相友，于是“尚论古之人”的“尚友”就更加重要了。因为透过“颂其诗，读其书”，我们就可以发现精神相契相合的同伴；当我们更进一步“论其世”，不仅“听（阅）其言”，而进一步跨越时空、历史的距离，“观其行”时，我们就因“知其人”，而可以有“尚友”的事实与效应了。

我们因为这些“古之人”的存在，而不再觉得孤单。虽然我们或许只能像陶渊明一样，深感“黄（帝）唐（尧）莫逮”，未能及时生存于那光辉伟大的时代，而“慨独在余”，而深具时代错位的生不逢时之感；但也因此而无碍于他以“无怀氏之民”或“葛天氏之民”为一己的认同；在他以五柳先生为其寓托中，找到自己有异于俗流的生存方式与实现生命价值的途径。

虽然未必皆得像陶渊明或文天祥那么充满戏剧性；“风檐展书读”之际，时时发现足资崇仰共鸣的“典型在宿昔”，甚至生发“敢有歌吟动地哀”的悲悯同情，却是许多人共有的经验。这使我们不仅生存在同代的人们之间，更同时生活在历代的圣贤豪杰、才子佳人，以至虽出以寓托而不改其精神真实的种种人物与人格之间，终究他们所形成的正是一种足以寄托与安顿我们生命的，特殊的“精神社会”。或许这也正是人文文化的真义。

当这些精神人格所寄寓的著作，能够达到卓超光辉，足以照耀群伦：个别而言，恍如屹立于海涛汹涌彼岸的灯塔；整体而言，犹若闪烁于无穷暗夜的漫天星斗，灿烂不尽——这正是我们不仅“尚友”古人，更是面对“经典”的经验写照。

在各大文明中，许多才士伟人心血凝聚，亦各有巨著，因而成其“经典”；终至相沿承袭，而自成其文化“传统”，足以辉映古今，这自然皆是人类所当珍惜取法的瑰宝。至于中华文化的经典，一方面我们尊崇它们的作者，如刘勰《文心雕龙·征圣》所宣称的“作者曰圣，述者曰明；陶铸性情，功在上哲”；但是对于此类“上哲”的形成与“经典”的产生，历来的贤哲们，更多有一种“殷忧启圣”的深切认知。这种体认最清晰的表述，就贤哲人格的陶铸而言，首见于《孟子·告子》：

舜发于畎亩之中，傅说举于版筑之间，胶鬲举于鱼盐之中，管夷吾举于士，孙叔敖举于海，百里奚举于市。故天将降大任于斯人也，必先苦其心志，劳其筋骨，饿其体肤，空乏其身，行拂乱其所为，所以动心忍性，曾益其所不能。人恒过，然后能改。困于心，衡于虑，而后作。征于色，发于声，而后喻。入则无法家拂士，出则无敌国外患者，国恒亡。然后知生于忧患而死于安乐也。

这一段话，不仅指出众多贤哲的早岁困顿的岁月，其实正是为他们日后的大有作为，提供了经验知识的准备，更重要的是陶铸力堪大任的人格特质。一方面是人类的精神能力必须接受挫折和困顿的开发——“所以动心忍性，曾益其所不能”；另一方面则是处世谋事要恰如其分，肇造成功，永远需要以“试误”的历程来达臻完善——“人恒过，然后能改”；创意的产生来自困难的挑战，也来自坚持解决的意志与内在反复检讨图谋的深思熟虑——“困于心，衡于虑，而后作”；而任何执行的成功，更是需要深入体察人心的动向，回应众人的企盼与要求——“征于色，发于声，而后喻”。简而言之，智慧自历练来，意志因自胜强，执业由克己行，成功在众志全——孟子所勾勒的其实是与人格养成不可分割的、一种另类的“个人的知识”（Personal Knowledge）。因此当他们将此类“个人的知识”，转成话语，形诸著述，反映的仍然寓含了他们“生于忧患”的经验，以及超拔于忧患之上的精神的强健与超越、通达的智慧。

对于中国“经典”的这种特质，最早做出了观察与描述的，或许是司马迁，他在《报任安书》中说：

古者，富贵而名摩灭，不可胜记，唯倜傥非常之人称焉。盖文王拘而演《周易》；仲尼厄而作《春秋》；屈原放逐，乃赋《离骚》；左丘失明，厥有《国语》；孙子膑脚，《兵法》修列；不韦迁蜀，世传《吕览》；韩非囚秦，《说难》《孤愤》；《诗》三百篇，大抵圣贤发愤之所为作也。此人皆意有郁结，不得通其道，故述往事，思来者。乃如左丘无目，孙子断足，终不可用，退而论书策，以舒其愤，思垂空文以自见。

司马迁在《史记·太史公自序》中亦做了类似的表述，只是文前强调了:“夫《诗》《书》隐约者，欲遂其志之思也。”就上文的论列而言，首先这些“经典”的作者都是“倜傥非常之人”，足以承担或拘囚、或迁逐、或遭厄、或残废等的重大忧患，但皆仍不放弃他们的“欲遂其志之思”，而皆能“发愤”，以“退而论书策”、“思垂空文以自见”来从事著述。

其中的关键，固不仅在“不得通其道”之事与愿违的存在困境中，“意有郁结”而于“恨私心有所不尽，鄙陋没世，而文采不表于后世也”的存在焦虑下，欲“以舒其愤”之际，选择了“思垂空文以自见”的自我实现的方式；而更重要的，是他们皆能够跳出一己之成败毁誉，采“退而论书策”，以诉诸集体经验，反省传统智慧的方式，来“述往事，思来者”。就在这种跳脱个人得失，以继往开来为念之际，他们皆以其深刻而独特的存在体验，对传统的经验与累积的智慧，做了创造性转化的崭新诠释。于是个别的具体事例，不仅只是陈年旧事的记录，它们更进一步地彰显了某些普遍的理则，成为足以指引未来世代的智慧之表征，这正是一种“入道见志”的表现；这也正是“个人的知识”与“传统的智慧”的结合与交相辉映。

因而“经典”虽然创作于古代，所述的却不止是仅存陈迹的古人古事，若未能掌握其中“思来者”的写作真义，则好学的读者即使“载籍极博”，亦不过是一场场持续的“买椟还珠”之游戏而已。因而这种透过个人体验所做的创造性转化与诠释，不仅是一切“经典”所以产生与创造的真义；更是“经典”所以能够生生不息的与时俱新之契机；我们亦唯有以个人体验对其做创造性的转化与诠释，才能真正掌握这些“经典”中，“大抵圣贤发愤之所为作”的艰苦用心，而领会其高卓精神与广大视野，激荡而成我们一己意志之升华与心灵境界之开拓。这不仅是真正的“尚友”之义，亦是我们透过研读“经典”，而能导致文化传统与人文精神，得以永续的层层提升与光大发扬的关键。

基于上述理念，王德威教授和我，决定为麦田出版策划一套以中华文化为范畴的“人与经典”丛书，一方面选择经、史、子的文化“经典”；一方面挑选中国文学具代表性的辞、赋、诗、词、戏曲、小说，邀请当代阅历有得的专家，既精选精注其原文，亦就这些伟大作者的其人其事，做深入浅出的阐发，以期读者个别阅读则为“尚友”贤哲，综览则为体认文化“传统”；既足以丰富生命的内涵，亦能贞定精神上继开的位列，因而得以有方向、有意义地追求自我的实现。

于台湾大学澄思楼三〇八室

柯庆明，台湾大学名誉教授

自序

流放者的悲歌

傅锡壬

在中国文学史上，至今没有一个文人的影响层面能超过屈原。在政治上，他忠君爱国的情操，成为汉朝兴邦，“楚虽三户，亡秦必楚”的民族号召；在文学上，他以铺排、怨悱的写作风格促成了汉代赋体的大盛；在民俗上，至今全球华人社会中，每到五月五日的端阳节，还盛行着“龙舟竞渡”和“包粽子”等纪念他的活动。

屈原的文学作品收录于《楚辞》一书，它是西汉时刘向辑录的战国时期南方楚地诗歌的总集。传统的目录学都把它列为“集部”之首，所以它也是中国文人具名创作的第一部文学作品，与较早代表北方的诗歌总集《诗经》，合称“南北双璧”。

《世说新语·任诞》篇:“王孝伯言:‘名士不必须奇才，但使常得无事，痛饮酒，熟读《离骚》，便可称名士。’”虽然语带讽刺的意味，却也透露出熟读屈原作品，已经成为魏晋名士的必备修养。

屈原究竟有哪些脍炙人口的文学作品？它具有哪些震撼人心的魅力？两千多年后的今天，我们要怎么读这些作品？当我要执笔写这本书时，这一连串的问题一直在我的思绪中萦绕着。我与麦田出版编辑部林秀梅小姐联系，答案出奇地简单:“写一本人人都能读得懂、读得完的书。”其实，这真是最严苛的要求。毕竟屈原所处的时代，已经离我们那么久远，语言、文字的解读，难免产生一些隔阂。再三思考后，我决定采用以下的方式和步骤:

第一，介绍屈原的生平。既然“文学作品是文人生命的体认”，读作品之前，又怎能不先了解其人！不了解屈原忠而被谗，二度放逐的心境，则很难掌握作品的深层底蕴。

第二，介绍《楚辞》的特色和《楚辞》这本书。

第三，作品的赏析部分，采用渐进的方式:从巫楚文化的解读进而到屈原A型性格的特质；从人神凄迷的恋情反衬出屈原放逐的怨怼。所以先读《九歌》再读《离骚》和《九章》等，最后则是《招魂》和《大招》。我们既然疼惜屈原，又怎么忍心让他孤寂地“自招”其魂，且伴他一掬同情的眼泪吧！

每篇作品均先有导读，介绍创作背景与特色。

为了便于诗篇内容的赏析，采用原文与语体（译）诗并列对照的方式。既可以一目了然，又省去许多注解的篇幅。

收录屈原的作品有：

《九歌》十一篇：沅、湘流域的祭神歌

《离骚》一篇：自传式的告白

《九章》九篇：流放者的行吟之歌

《天问》一篇：神话传说的渊薮

《远游》一篇：游仙思想的滥觞

《卜居》一篇：何去何从的彷徨与抉择

《渔父》一篇：游于江潭，行吟泽畔

《招魂》一篇：魂兮归来哀江南

《大招》一篇：魂兮归来尚三王

基本上，该书除了引用《楚辞》的原文，或不得不引用的少数典籍外，其他引用古籍中的任何资料，都经语体文的翻译，读者若想一睹原典，就只有叨劳各位依书名或篇名，自行去翻查了。

我的第五本有关屈原的书即将问世。谢谢庆明兄，居然还记得我这个多年未见的朋友，如果不是他的推介，我是无缘写这本书的。

目录

壹 屈原的故事

一、汨罗江畔吊屈魂

一湾清澈的溪流，叫汨水，它发源于江西省修水县的黄龙山梨树埚的崇山峻岭之中，往西南方向潺潺而流，经过了迢迢千里，来到了湖南省湘阴县的东北；又有一道溪流叫罗水，发源于山西省的安泽县，河水往西而行，奔泻百里，也流进了湖南省湘阴县的东北，于是南北二水，汇聚成江，水势暴涨，激荡起澎湃的浪花，滚滚的浊流，向着湘水呼啸而去。当地百姓就合二水之名，称之为“汨罗江”。

汨罗江流到了湖南湖北两省交界处的平江县大滩庙附近的沉沙港，河水趋于平缓，在江心形成了一个深不见底的寒潭。据说：战国时代，家喻户晓的爱国诗人——屈原，就葬身在此，所以后人也就称此地为“屈潭”。

自从屈原沉冤汨罗江之后，历代的骚人墨客，只要经过此地的，无不感物伤情，吟诗哀悼。如唐代韩愈的《湘中》：

猿愁鱼跃水翻波，自古流传是汨罗。

苹藻满盘无处奠，空闻渔父扣舷歌。

韩愈来到传说中的汨罗时，觉得连山中猿猴的叫声、水中跃动的游鱼，也都带着哀愁。他想以满盘的苹藻奠祭屈原，但毕竟自己离屈原的时代已经太遥远，空留下渔父扣舷的歌声而已……

不知何时，后人为了纪念屈原，更在沉沙港的土阜上，搭建一座“屈夫子庙”，古厝三四间，正堂上供奉着屈原神位，屋前搭了座戏台，庙后盖了座庭园，遍植修竹，无一杂树。来此凭吊的骚人墨客，看到这种凄凉情状，无不黯然神伤。庙前约二十里处即汨罗山，也叫秭归山、烈女岭。此处万山重叠，岭崖差互，朝晖夕阴，气象万千。

据当地人传说，屈原投江死后，尸体久久没有浮出水面；先是发现一只鞋子，就挖个墓穴埋了；不久，又寻觅到一帕方巾、一顶帽冠……最后才发现尸体，就这样先先后后地挖成了二十四个墓冢。其中最大的一个墓冢上，还立了一个石碑，上面写着“楚故三闾大夫之墓”，与唐代杜佑《通典》上的“楚故臣屈大夫之碑”，文字已经不同，大概是清朝末年时立的。屈原墓的附近，原来有一座“招屈亭”，在清高宗乾隆二十二年（公元1757年），搬迁到了湖南的玉笥山。改称“屈子祠”，也叫“三闾祠”或“屈原庙”。玉笥山高约五十米，方圆仅2里，“屈子祠”是一座三进式的建筑，坐落在山的中央。

屈原的死，传说是在农历的五月五日。农历的五月，古人称之为恶月，闷热的空气，使人有一种窒息的感觉。屈原来到汨罗江畔时，已经是一位体态清癯瘦弱、面目憔悴的老人，头上戴着一顶高高的帽子，楚人称它为“切云冠”，腰间佩着一把长长的宝剑，楚人称它为“陆离剑”。他徘徊在汨罗江畔，忽而呢喃自语，忽而低声吟唱。

这时，雾色朦胧的江面上，荡来一叶扁舟，船上的渔父，对着岸边的老人，端详片刻，好像看穿了他的身份，讶异地问：

老丈，您莫非三闾大夫吗？怎么会来到这里？

这“三闾大夫”四个字，像一把利刃，穿透了屈原的心，更伤了他的自尊。因为在战国时期的楚国，“三闾大夫”的职责是主持贵族中屈、景、昭三家大姓的宗庙祭祀工作，本应该长期留守在国都郢都（今湖北省江陵县），如今却出现在这穷乡僻壤的小镇，无怪乎渔父会惊讶。

屈原脸上的表情极度痛苦，长吁了一口气，低沉地说：

举世的人都被污染了，只有我纯净，
众多的人都喝醉了，只有我清醒，
所以我被流放。

渔父随即又劝说屈原，在乱世中，处世最好的态度是与世推移，与众人随俗相处。其实，渔父若是一位真正的隐士，他何尝不知道，像屈原这样性格耿介执着的人，是绝对不会随波上下的。于是渔父莞尔一笑，荡起双桨，小船渐渐远去；水云间，隐隐约约传来微弱的歌声……

沧浪之水清呀，可以洗濯我的帽缨，
沧浪之水浊呀，可以洗濯我的脏脚！

屈原凝视着翻腾的江心，一如他内心思潮的汹涌起伏；渔父毕竟是一位隐居世外的高士，他的歌声中，一定蕴藏着某些道理，不！不！他是一个杀人于无形的残酷杀手，短短的几句话，已经让屈原心碎。仕宦生涯竟像一场噩梦，一时悔恨交集，屈原心想，他原不该走上这条坎坷的道路。他体力渐感不支，撑扶着江畔的一块巍峨巨石。突然他奋身而起，跃入江中，他感到呼吸愈来愈困难，心脏像压着一块巨石，不断地往下沉，往下沉……

汨罗江上，一片人声嘈杂，万船攒动，焦急的乡民，眼中噙着泪水，手上拿着长篙，在激起的浪花中，不停打捞。当夜幕渐渐低垂，而他们敬爱的屈大夫，依然遍寻无着，有如石沉大海。楚地的乡民，都心知肚明，屈原遭到放逐是十分冤枉的，是朝廷小人的谗言诽谤，是君王的昏聩无能，可是他们毕竟是力量微薄的小老百姓，因为救不了屈大夫的性命而愧疚、啜泣。

从此，每年阴历的五月五日，楚地乡民，在悲伤之余，家家户户用竹筒贮米，投进汨罗江中，祭奠屈原。

这个习俗，据传说，是在汉光武帝建武年间（公元 25 年—56 年），湖南长沙有位叫欧回的人，在大白天居然看见了屈原的鬼魂，诉说竹筒中的米饭，都被江中的鱼虾给吃了，希望百姓以后祭奠他时，应该改用树叶塞在上面，再用五色的彩绳捆绑起来，鱼虾就不敢吃了。后来又经过种种改良，就成了今天所见的“粽子”，也成了端午节家家户户吃粽子的风俗。

二、屈原的身世和故里

屈原名平，字原。后人为了尊敬他，都以他的字来相称。他在《离骚》中自叙身世：

我是高阳帝的后裔，先父的字号叫伯庸。
太岁在寅年的正月，庚寅日我诞生。
先父看着我不凡的器宇，就赐给我相应的美名。
替我取名叫正则；替我取字称灵均。

据《史记》的说法："高阳"是颛顼拥有天下时的称号，颛顼娶腾隍氏女而生老僮，是为楚的祖先。他的后人熊绎事奉周成王，于是被封为楚子。传国到楚武王熊通，求尊爵于周室不成，就自僭称王。屈、景、昭三姓的氏族都是楚国的贵族，王室的同宗。楚国的国姓原本是"芈"姓，当楚武王的儿子瑕，被分封到屈地作为采邑以后，就以采地为姓[1]。屈氏家族就这样一代代传承下来。所以屈原自称是高阳帝的苗裔（后代）。他父亲的字号叫“伯庸”，如果依“伯、仲、叔、季”的排行，应该是兄长；是什么名字？可惜，至今找不到确切的资料。父亲对他的期许当然很深，所以他出生时，他的父亲端详了许久，才为他取名字。“正则”就是“平”；“灵均”就是“原”。在字义上“高平曰原”，所以古人所取的名和字，字义上往往是相关的。

《离骚》中说屈原的生辰是：“摄提贞于孟陬兮，唯庚寅吾以降。”这是目前唯一探索屈原生辰的资料。照东汉王逸的说法，“摄提”就是“摄提格”，是代表寅年，当摄提贞于孟（始）陬（角）时，又是寅月（正月），而“庚寅”则是屈原的生日，那么屈原是生在寅年、寅月、寅日。

若照邹叔绩、陈旸、刘申叔诸人的考证，屈原当生于楚宣王二十七年（周显王二十六年，公元前343年，戊寅年一月二十一日）。若以陆侃如《屈原生卒年考》所述，屈原当生于楚威王五年（公元前335年，丙戌年一月七日）。林庚补充说，庚寅日当为人日，就是正月初七，在楚俗上是个重要的日子。不过，还有其他的说法，但都不如邹叔绩、陈旸、刘申叔诸人的说法，较被多数人接受。

楚国是信仰“虎图腾”的民族，所以屈原对自己寅年、寅

1 屈原事迹资料未明显注明引用出处者，多依《史记·屈原列传》、《史记·楚世家》和《战国策·楚策》等。

月、寅日的生辰一直感到很骄傲且自负。他在《离骚》中强调“纷吾既有此内美兮，又重之以修能”，自己既有纷盛的内在美，又有多重的长才远能。他尤其喜欢用香草来比喻自己的禀赋之美，曾说：

我既孳养了九畹的兰花，又栽植了蕙草百亩。
分区种了留夷和揭车外，更夹杂了杜蘅与芳芷。
期待它们的枝叶峻茂，挑个时辰就有好的收割。

可见他的天性是多么喜爱洁净与修美。至今江陵地区的儿童，还喜欢以菱荷叶做成衣裳的童玩，就是受屈原传说的影响。

事实上，屈原在少年时期，就已显现出卓越的才华。他写过一首诗，叫《橘颂》，用橘树的重土轻迁，逾淮为枳的习性，以表现他对乡国之爱；用“团团的圆果，尖锐的棘刺”，以象征自己内圆外方的性格。

他的父亲伯庸格外疼爱他，他的姊姊女媭也特别关心他。当屈原仕途上遇到挫折时，就会向姊姊去诉苦。有一次，姊姊竟硬起心肠，既疼惜又严厉地责备屈原说：

鲧因为耿直而亡身，终然被殛死在羽山的郊野，
你为何博识忠贞又好修洁，独具纷然众盛的美节？

女媭的这番话，无非在规劝屈原：在混乱的时局中，像夏

代的鲧一样，太过刚直，是很容易遭祸的，而独善其身的盛美节操，更可能会遭人嫉妒。

果然不出女嬃所料，个性耿介的屈原终于被疏远，竟而被放逐了。屈原的姊姊已经三年没见过屈原了，内心焦急万分，立刻回到故里，等待弟弟归乡的好消息。所以后人就把屈原的故里称为“秭归”。

秭归是湖北省千山万水丛中的一个小县城，又叫“古归州”，在周代时属于夔国，荒僻萧条。如今此地还有一间屈原故宅，屋基皆用石板块铺成，后人称它为“乐平里”。传说中还有座“女嬃庙”和宋玉（传说是屈原的学生）的故宅等遗迹，可惜现在都已湮没在荒烟蔓草之中。

秭归附近有个渡口，叫“屈原渡”，南岸有座山阜叫“楚台山”，其上有片高地称“楚王台”。宋朝诗人陆游曾到此凭吊，题了一首诗，大意是说：

江山荒芜，猿鸟悲啼，隔江还有一座屈原祠。
一千五百年前的往事，只有滩声依稀如旧时[1]。

据《长沙府志》记载：屈原有子，有女，但都不知道名字。传说中屈原的女儿十分孝顺，为了埋葬父亲的遗体，她急迫地用双手扒地，罗裙盛土，堆积了一座坟墓，却把地上挖出

1　原诗为：“江山荒城猿鸟悲，隔江便是屈原祠。一千五百年间事，只有滩声似旧时。”

了一个大池塘，她在四周遍植了她父亲最喜欢的荷花和菱芰。如今空留这一切，也只能供游人凭吊唏嘘而已。

屈原的故里是否在秭归？1989 年，中国湖北省地方志办公室发表了他们的看法，认为屈原的故里应该在楚国的都城“郢”，即今湖北江陵纪南城。理由有三：一、屈原是楚国世袭的贵族，王室重臣，理应随楚王居住于国都。从楚文王迁都到郢，一直到顷襄王时，郢都为秦所破灭（公元前 278 年），历时四百一十一年。屈原生于楚宣王二十七年（公元前 343 年），屈原应当在此诞生。二、屈原在《哀郢》中说“发郢都而去闾兮”，“闾”就是“里门”，自然故里在郢，又说“去终古之所居”，“终古之所居”当也指故里。三、东方朔《七谏》说“平（屈原名平）生于国兮”，“国”也当指国都——郢。

三、初放汉北

屈原在二十几岁时，已经展现出他的政治才华，加上他的知识广博，记性又强，不仅善于策略的规划和执行，又擅长外交事务的折冲斡旋。所以很受到楚怀王的宠信，他身兼左徒和三闾大夫之职。左徒是朝廷命官，相当于左尹，地位仅次于令尹，有掌管及制定律令的责任。而三闾大夫则是负责楚国贵族屈、景、昭三大姓的宗庙祭祀。

当楚怀王十一年（公元前318年），屈原二十五岁左右，楚怀王为“纵约长”。战国时期，诸国间的外交关系，大别为二：一是“合纵”（联合六国的力量以抗秦），以苏秦的主张为主；一为“连横”（联合六国的力量以事秦），以张仪的主张为主。而“纵约长”就是六国联军的统帅。

当时，楚国的外交政策与屈原的看法是一致的，即如《史记·屈原列传》所说：

屈原在朝时能与君王图议国家大事，并且发号施令；出国时又能接待宾客，应对诸侯，怀王对他十分信任。

这段时间应该是屈原在仕途上最为平顺的时期。

楚怀王十二年（公元前 317 年），秦国扩张势力，意图吞并天下，此时屈原正奉命出使齐国，缔结共同防御协定，完成了一次成功的外交任务。显然，屈原的才华与显赫的功劳，引起了朝廷中一些同事，如上官大夫和靳尚等人的猜忌。

有一回，屈原奉怀王之命草拟宪令，连草稿都还没写好，上官大夫就抢着要看内容，屈原当然不会同意。于是上官大夫恼羞成怒，就跑到怀王面前，说屈原的坏话，恶毒地造谣：

怀王使屈原起草宪令，这是朝臣皆知的事。每有一章法令提出，屈原总是自夸是他的功劳。说："除了屈原，谁有如此功力！"

怀王听了十分恼怒，就开始渐渐疏远屈原，屈原虽然一再辩白，还写了一篇《惜诵》以表明心迹，前两句的大意是说：

只因贪图忠谏而招致斥责，总想发泄悲愤且抒散心情。
倘若我说的话不由忠信，我愿指苍天作为凭证。

可是怀王对他的误解已深，故意装聋不闻。这件事大概发生在楚怀王十四年（公元前 315 年），屈原才二十八岁。

屈原被疏远后，心情苦闷，时时徘徊在先王宗庙及祖先祠堂中散步，看着墙壁上画的一幅幅天地山川间的神灵故事，以及古代圣贤的传说，反而更引起他胸中的怨愤不平，天道岂真无常！他难以抑制激动的情绪，一连串问了一百七十多个问题，差不多都不是一般人能够解释的。这就完成了他作品中，最为诡谲神秘的诗篇《天问》。

秦惠王目睹楚国朝廷中，"亲齐派"的势力已日渐薄弱，于是又萌生了对六国的觊觎之心，以当时的情势而言，秦惠王心里明白，只要齐楚联盟，是很难撼动六国的。所以首要之计，就是挑拨离间齐楚之间的感情。

楚怀王十六年（公元前 313 年），秦国的宰相张仪，假意离开秦国，带了丰厚的礼物，进献给楚怀王。也带来了密函，内容大致说：

秦国最憎恨齐国，然而齐楚之间却过从甚密，楚国若能和齐国断交，秦国愿意献出商、於（今陕西商洛市商州区附近）二县的土地六百里。

楚怀王个性本贪图小利，竟然相信张仪的诡计，真的与齐国断交了。楚国与齐国断交后，以为从此可以得到秦国的友善对待，群臣们纷纷向怀王道贺，当时屈原被疏远了，朝廷上只有陈轸一人抗颜直谏，认为齐楚的断交，反而将更助长秦国的野心。可惜势单力孤，怀王终究不为所动。

楚怀王派了使者到秦国去接收六百里的土地，张仪却佯装坠马受伤，不见使者，整整拖了三个月不上朝。楚怀王心焦如焚，以为一定是自己与齐国断交的态度不够强硬，于是就再派了勇士宋遗，北上齐国羞辱齐王，齐王忍无可忍，折断了齐楚缔约的符节，改而与秦国结盟。

张仪一看计策已经成功，于是才接见楚国使者，说："张仪和楚王的约定是六里，不是六百里。"楚国使者交涉不得要领，只得回报怀王。怀王听后大怒，大肆兴兵，准备攻打秦国。虽然陈轸再三劝阻，不可仓促用兵，可是怀王盛怒之下，已经失去理智，派大将屈匄率领十几万大军攻伐秦国。

秦国早有准备，两军在丹、淅二水（丹阳，今歧江故城）附近展开激烈的肉搏战，结果楚军大败，楚国的大将屈匄也被俘，士卒伤亡八万多人，血流漂杵，极为惨烈。秦军就此占领了楚国的汉中郡（今湖北西北部及陕西南部）。怀王孤注一掷，再次大举兵力深入攻秦，又在蓝田（今陕西蓝田）溃不成军。韩、魏二国乘虚偷袭楚国，兵临邓县，迫使楚国仓皇撤军。齐国当然也袖手旁观，楚军大困。这些事都发生在楚怀王十七年（公元前 312 年）间。

到了楚怀王十八年（公元前 311 年），秦国的外交政策，突然有了很大的转变，主动提议归还汉中地，并拟与楚国重修旧好。此时怀王怒气未消，坚持说：

我不要秦国归还土地，只想抓到张仪才甘心！

张仪听到楚怀王要挟时，竟然对秦王说：

能以区区一介张仪换得汉中地，臣请求前往楚国。

其实，张仪早已在暗中贿赂楚国的老臣靳尚，并借靳尚的关系，在怀王的宠姬郑袖的耳里，说了许多挑拨离间的话。大意是说：怀王一定会非常重视张仪，因为张仪要把上庸之地的六个州县用来贿赂楚国，又要以秦国宫中擅歌舞的美女送给怀王，如此郑袖必然失宠。所以上上之策是赶快遣送张仪回秦国。郑袖果然中计，力劝怀王把已经擒到手里的狡兔张仪给放了。

此时，屈原已被怀王疏远，转而出使到齐国，不在朝廷上，所以没有参与意见。当屈原听到张仪已经到了楚国的消息时，兼程赶回，进言怀王说："何不杀了张仪？"怀王也有悔意，就派人追赶张仪，佯言说："怀王有宝马相赠，请速回取马！"张仪岂是等闲之辈，渡船既然已经到了江中，就挥挥手，头也不回地扬长而去。

楚怀王十九年（公元前 310 年），秦惠王驾崩，儿子武王继位。张仪和武王政见不合，就愤而出走到魏国，"连横"之策略也因而解散，于是六国又纷纷组织起来对抗秦国，可是秦国的势力已经巩固，蚍蜉岂能撼大树！

从此之后，楚国的外交政策一直是摇摆不定，时而亲秦，时而亲齐。

楚怀王二十四年（公元前 305 年），秦国由昭王即位，再度以厚重的钱币贿赂楚国，并请怀王到秦国迎娶，缔结姻亲联盟。怀王又有些心动，此时屈原不顾一切直言强谏，得罪了怀王，被放逐到汉北（汉水以北之地）。

屈原离开郢都时，已是深秋，夜长日短，并且已经失眠多日，精神恍惚。沿着长江匆忙地往南走，看着江边磊磊的巨石，都化作一张张小人狰狞的嘴脸。屈原痛心极了，想到怀王的喜怒无常，装聋作哑的态度，竟觉得自己是一只失群的孤雁，独自南翔。他已身在汉北，却夜夜魂萦故国。他用滴血的心，沉重的笔触，写下了诗篇《抽思》。在诗篇的结尾，屈原刻意运用“乱曰”、“少歌曰”及“唱曰”，三种音乐上的节奏，反复三次的吟咏，营造出了汉代司马迁在《史记·屈原列传》中所谓屈原的作品，有“回肠荡气，一唱三叹”的效果。

四、再放江南

楚怀王二十八年（公元前 301 年）的春天，秦国联合了齐、韩、魏等国大举攻伐楚国，杀了楚国大将唐昧；二十九年（公元前 300 年），秦国再次攻打楚国，歼灭了楚军两万多人，楚将景缺也在此役中殉职。怀王大为恐慌，把太子横送到齐国当人质，以谋求缔结盟约，想借此稳定民心士气。此时楚国的外交政策也转而亲齐，朝廷上亲齐派的势力又趋活跃，想必屈原此时已被召回朝廷任职。

楚怀王三十年（公元前 299 年），秦昭王想借姻亲关系再与楚国结盟，假意请楚怀王亲自到武关（今陕西商洛市商州区东之关名）迎娶，怀王怦然心动。这时屈原和昭睢两人都极力劝止。屈原曾说：

> 秦是虎狼般凶残的国家，他们的话不可信，不如不要去。

昭睢更认为秦国必定有诈，反而应动员兵力严加戒备，慎防秦军的偷袭。可是怀王的幼子子兰却极力主张怀王应该接受秦国的婚约，并说：

怎么能拒绝秦国的好心呢！

结果怀王听了子兰的话，前往秦国，车驾刚进入武关。秦兵早有埋伏，切断了怀王的退路，强掳怀王到了秦的国都咸阳。秦国借此要挟楚国割让巫和黔中郡（今四川巫山以东，湖南、贵州等地）。

当此之际，楚国已群龙无首，国家不能一日无君，朝廷上暗潮汹涌，终于爆发了王位继承的争端。有人主张，既然怀王和太子横都不在国内，应该另立庶子为国君，而昭雎极力反对。他主张应该从齐国把太子横迎接回朝，立为新君。当时齐国也有不同意见：一派主张把太子横留滞齐国，乘机以要挟楚国割让淮北的土地；另一派则以为，楚国若立了新君，留下太子横就毫无利用价值了，反而让天下人嘲笑齐国人不讲道义，不如赶快把他送回楚国，做个顺水人情。齐国朝廷中经过一番激烈争辩后，终于决定把太子横送回楚国，继位后也就是顷襄王。

秦国要挟之计未能得逞，秦昭王大怒，又举兵攻打楚国，杀了楚军五万人，占据了楚国析（今河南内乡县西北）等邻近十五个城市。这一连串丧权辱国的战争，已经造成楚国民生凋敝，百姓离乡背井的残破景象。

楚国的顷襄王继位已经两年（公元前 297 年），怀王留置在秦国，已毫无要挟的价值。秦国对怀王的监禁也显得松懈不少，怀王决意逃亡，不料消息泄露，通往楚国的道路已被封闭，怀王惊恐万分，从小道逃到赵国；赵国的国君惠王刚继承王位，不敢接纳怀王，怀王正准备再往魏国，却被秦兵追上，押解回到咸阳。让人不解的是，如此大事，楚国境内竟然毫无动静。怀王经过这一番颠沛、折磨，就不幸病倒了。

楚顷襄王三年（公元前 296 年），怀王病逝在秦，秦国才将怀王尸体送回郢都，楚国的百姓夹道痛哭，哀号之声震天。诸侯各国都看不起秦国的粗暴行为，秦楚之间从此邦交益趋恶化。

秦国仗着国势强大，更加肆无忌惮。在楚顷襄王六年（公元前 293 年），由大将白起率大军攻掠韩国的伊阙（今河南洛阳南），杀了韩军二十四万人，并借机威胁楚顷襄王，要决一死战。顷襄王大为恐慌，再度与秦国谋和。翌年，顷襄王亲往秦迎娶新妇，两国表面上又恢复和平，实际上，楚国一直仰人鼻息，讨好秦国。顷襄王这种不顾君父之仇的行为，很令楚国人失望。而且，顷襄王在即位之初，就重用了弟弟子兰为令尹，引起楚国百姓更大的反感。谁都知道，力劝怀王入秦，以致怀王客死在秦的人，就是子兰；犯了如此大的错误，反而被重用。这是百姓难以理解的。当然百姓在责骂子兰之余，总会想起屈原的远见，而赞美他几句。没想到这些话传到子兰耳里，竟迁怒到屈原身上。子兰暗中叫上官大夫在顷襄王面前说屈原的坏话。

顷襄王也早就觉得屈原知道朝中的事太多了，加之，此时朝廷的外交政策又正转向亲秦，而亲齐派失势，于是屈原被再次流放到江南一带。时间大约是顷襄王十二年（公元前 287 年）。屈原这时应该已经五十六岁左右，他在江南流放的时间应该相当长。

五、呕心沥血之旅

就《哀郢》篇看，屈原踏上第二次的放逐之旅，是在阴历二月仲春。他从郢都出发，沿着长江、夏水，一路往东行，经过了夏浦（夏水边的地名），穿过了洞庭，来到陵阳。去国日远，乡愁日深，他在云梦大泽一带流浪的时间已超过九年，情绪也更为忧郁。正在心境最黯淡的时刻，郢都辗转传来了不幸的消息：大约在顷襄王十九年（公元前 280 年），秦已发动攻势，楚军战败，割让上庸、汉北之地予秦。次年（公元前 279 年）秦兵分两路攻楚，一路由秦将白起率军攻陷楚之邓、鄢（今湖北宜城市东南）；另一路由张若率水陆之师东下，攻占楚国的巫郡及江南之地。据郦道元《水经注・卷二八・沔水》大意说：

昔日白起攻打楚国，引西山长谷水淹城，指的就是这条水。旧的隄堰离城百余里，水从城西，灌向城东，入注后形为渊薮，就是今日的熨斗陂。水溃城在东北角，百姓随水流亡死于城东的，多达数十万，城东一片腐臭，于是名熨斗陂为臭池。

显然这场战役非常激烈。

楚顷襄王二十一年（公元前 278 年），秦国更接连打败了韩、赵、楚等国的联军，使楚国丧失了湖北及湖南二省西部地区，而且郢都也沦陷，楚国先王的陵墓“夷陵”，也被夷为平地，楚国军心士气已全盘崩溃。顷襄王往东北方逃窜，到了陈城（今河南淮阳）。

屈原这时已经六十五岁，在动乱中，目睹百姓流离失所，灾难重重，而国势又日益阽危。回忆起自己离开郢都时，走的是水路，在舟船规律的摇摆中，不时回首远眺，祖坟旁手植的长楸树，已亭亭如盖。当他想到，此次的远离，恐怕再也见不到君王时，他的叹息顿时化作了泪水。

当船从夏水航行向西，却看不见郢都的东城龙门的刹那间，屈原的身体有些微微的颤抖。绝没想到，如今，大厦般巍峨的两东门，竟在一夕之间化为丘墟。于是屈原以悲痛又怀念的心情，写下了《哀郢》的诗篇。结尾说：

鸟都懂得飞回故乡呀，
狐狸死时都会把头枕上高丘。

连飞禽走兽对旧巢都有一份眷念，正流露出屈原对故土的沉重思念。对那些不爱乡土故国的人，真是一种莫大的讽刺。

不久，屈原从陵阳折向西南行，当他登上鄂渚（在今湖北武汉市武昌区），不禁为未来茫茫然的前程感到彷徨，连原本一丝丝回都还乡的念头也荡然无存。他想再往前走就是洞庭湖，渡过洞庭，沿沅水而下，应抵达的该是辰水的北岸，随后就会进入溆水的泽畔。而溆水一带，被当时人视为不很开化的“南夷”之地：崇山峻岭，终年云雾弥漫，冬季时更是霰雪纷飞，本是猿猴栖息的地方。

事实上，屈原并未真的到达溆水，他渡过洞庭湖后，就朝向长沙。他涉渡长江时，心情十分沮丧，他意识到为楚国推行美政的愿景已完全破灭。于是把胸中一连串的愤愤不平，抒发成诗篇《涉江》。在诗篇中，他借用一个个悲剧性的人物以比喻自己的下场，大意是说：

接舆装傻把头发剃光，桑扈装疯把衣服脱光。
忠良不一定会被重用，贤能也不一定会繁昌。
伍子胥遭逢祸殃；比干被剁成了肉酱。
既然举世而皆然，我又何怨乎当今皇上？

在屈原走向长沙的途中，思潮起伏不定，血脉沸腾。他想到已死的怀王时，忍不住热泪盈眶。他以“美人”比喻怀王，写下了《思美人》。在篇首就直呼：

思念着你呀美人，我擦拭着涕泪久久伫眺，
媒人断绝道路阻隔，言语已无法传递。

忠贞而造成的种种冤屈，沉滞得无法抒发，
想整夜地纾解衷情，心志却沉积得没法表达。
但愿能寄语浮云，虽遇见了丰隆却不肯传话，
借归鸟带个口信，却迅速高飞而无法碰上。

处处显露出他对怀王的思念和怨怼。在诗篇的结尾，已隐然浮现出死亡的念头。他说：

处幽既是命定，我也疲惫极了，趁着日色还不太暗；
我孤零零地走向南方，只想着彭咸的下场。

彭咸是殷朝的一位贤大夫，劝君不听，投江而死。屈原创作此诗篇时，已意识到死亡，犹如走上一条黑暗的漫漫长路，是一个听不到、看不见，没有触觉、没有回响的虚空世界。却只能感觉得到自己生命的脉动，就像海潮般的变化莫测，忽而宁静沉寂，忽而汹涌澎湃，有时辽阔无际，有时左右漂浮，似在冥冥中伴随着潮汐。于是屈原将生命的体认，吟哦成一首《悲回风》的诗篇。以“回旋之风”象征生命中一连串的逆境。

省思死亡之后，屈原的内心反而渐趋平静，他一会儿回忆起往日被怀王宠信时的喜悦，一下子又失落在被怀王误解时的凄苦之中。于是他又执笔写下了《惜往日》。在诗中除了自诉委屈外，更列举了许多君臣间因相互信任或猜忌而造成各种不同的结局。大意是说：

百里奚曾经做过奴隶，伊尹善于烹饪掌厨；

吕望在朝歌是个屠夫，宁戚唱着歌儿喂牛。

如果不是遇上汤武与桓穆，世上谁会知道他们是最好的佐辅。

诗中更两次重申，他不得不在临死之前，揭露惦念怀王的心声。他说：

面临着沅湘的深渊，真想忍一下就自寻短见。

最后人死了名也没了，可惜被壅蔽的国君还是不明白。

宁可一死而流亡，是害怕祸殃的再来。

如果不把话说完就沉渊，又怕国君被壅蔽而永不明白。

也为后来创作中国文坛上不朽的诗篇《离骚》，留下了伏笔。

当然，屈原也曾想到，是不是能借"淡泊无为"的老庄思想超脱凡尘的苦恼；甚至用"餐风饮露""羽化登仙"的神仙家思想来清净杂念，于是他写下了《远游》。

但毕竟屈原"忠君爱国"的本质是属于儒家的，然而他之所以创作《远游》，似在昭告世人，他不是不知道生命的选择，虽然还有另外一条途径，但是他毅然决然去自杀，这结局不是一时的冲动，更不是"狷狭之志"。

在屈原的作品中，最脍炙人口，照耀千秋的诗篇，当非

《离骚》莫属。它的创作时间，应该在顷襄王再次放逐他到“江南”之后，也就是屈原晚年的作品。它的内容有如一篇自传，从出生一直写到萌生死志。全文两千四百九十字。是屈原血和泪凝聚的生命悲歌；描写一位屡遭谗嫉，志不得伸，在苦闷中追求自我理想的实践以至幻灭。强烈地流露出屈原誓死不与世俗同流合污的刚毅性格。文笔更充满了浓郁的浪漫色彩；辞藻的华美，想象的丰富，音韵的铿锵。怀乡去国之思，生离死别之痛，汹涌澎湃，感人肺腑。

尤其在“乱曰”（尾声）上说：

算了吧！国内已经没有贤人；更没有人能了解我，我又何必怀念故都？

既然已经无人能和我推行美政，我就跟从到彭咸的居处。

屈原已经下定决心，以死殉国。

六、魂兮归来

江风吹袭来一阵阵孟夏四月的暑热，使屈原驰骋在千里之外的遐思蓦然惊醒，他仿佛已看到阔别已久的长沙，近乡情怯，他感觉到空气似已停止对流，大地死般地沉寂，眼前是汨、罗二水冲聚而成的寒潭。屈原心中忖思着：我什么都不必再害怕了，贪婪的小人，再也伤害不到我，那些惯对陌生人咆哮的恶犬，再也别想咬我了……

当屈原吟毕《怀沙》后，意识已经模糊，滚滚的潭水似在向他呼唤，一股强大的引力随着漩涡，将他的躯体渐渐地吞噬。

乡民得知屈原投江的噩耗，都纷纷撑着兰木之舟在江中搜救，当夜幕已经笼罩大地，江中依然遍布渔火，万船攒动，却还是找不到三闾大夫的踪迹。

屈原在创作《哀郢》时已经六十五岁，然而继《哀郢》之后，他又创作了《涉江》、《惜往日》、《悲回风》以及《怀沙》，甚至《离骚》。我们虽然无法从这些作品中清楚掌握它们确切的写作时间，但无可置疑的，写作了这么多成熟的作品，一定需要一段不短的时间与生活的煎熬和历练。所以屈原的死，绝对在六十五岁之后，或在七十岁左右，离顷襄王的死（顷襄王三十六年，公元前 263 年），应该相距不会超过十年。

屈原死后，悲痛欲绝的楚地百姓，为了感念屈原，将一首屈原依据楚俗谱成的《招魂曲》，传唱不绝：

魂魄呀！归来吧！
为什么要离开躯壳，漂泊四方？
舍弃乐土而遭此不祥？
魂魄呀！归来吧！
东方不可以寄托，
有长人千仞，唯魂是索。
十日代出，连金石也能销铄。
它们已然习惯，你去了就会糜烂。
魂魄呀！归来吧！
魂魄呀！归来吧！
……

贰

屈原的作品——《楚辞》

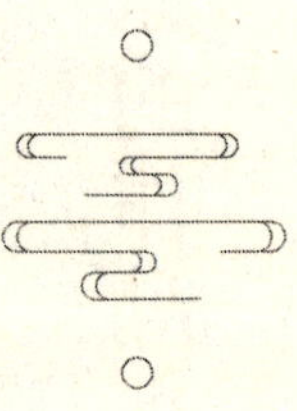

一、《楚辞》的内容

提起屈原的作品，一定得先了解《楚辞》这本书，它在《四库全书》中列为“集部”的总集之首；在我国诗坛上与《诗经》并称“南北双璧”。南朝刘勰在《文心雕龙·辨骚》篇中对《楚辞》中篇章的赞美是：

“楚辞”这种文体，本质上是体现三代的精神，而风格则掺杂了战国文学的色彩；虽然在《雅》《颂》中是博弈之徒，在词赋中却是英杰。看“楚辞”的骨鲠所树，肌肤所附，虽然取法镕铸了《经》义，却也自铸伟辞。

所以《离骚》《九章》，文辞朗丽而内容哀伤；《九歌》《九辩》，文辞绮靡而内容伤情；《远游》《天问》，文辞瑰诡而内容慧巧；《招魂》《大招》，文辞耀艳而内容深美；《卜居》标榜了放荡言论的极致；《渔父》寄托了隐逸独往的才情。所以这些篇章的气势往往能震撼古人，而辞采更切合当代，它们的精彩绝艳，是难与比拟的。

从《九怀》以下，都急于仿效《离骚》的风格，然而屈原、宋玉如此高远的境界，已经是无人能及了。

刘氏的评语是十分正确的。

最早将屈原、宋玉以及汉代人仿作结集成书的是刘向（公元前 77 年—前 6 年），刘向于西汉末成帝河平三年（公元前 26 年）领校中秘书，整理屈、宋等人作品，才编订《楚辞》一书。据《四库提要》的说法：

收集屈原、宋玉的赋篇，定名《楚辞》，是从刘向开始的。刘向收集了屈原的《离骚》《九歌》《天问》《九章》《远游》《卜居》《渔父》，宋玉的《九辩》《招魂》，景差的《大招》，以及贾谊的《惜誓》、淮南小山的《招隐士》、东方朔的《七谏》、严忌的《哀时命》、王褒的《九怀》以及刘向所作的《九叹》，编辑为楚辞十六卷，是为总集之祖。

可惜，刘向编的这本十六卷的《楚辞》已经亡佚，到东汉的王逸，又增益了自己的作品《九思》与班固的两篇《叙》，成为十七卷本，并各为之注，而成《楚辞章句》。现今最完整且又最早的《楚辞》书，就是王逸这个本子。到了宋代的洪兴祖，把《楚辞章句》作了补注，成为《楚辞补注》。现今流传的《楚辞补注》，则是书商为了方便，将《章句》和《补注》合而刻之，也最便于读《楚辞》者。

那么，屈原的作品为什么要称为《楚辞》呢？据《隋书·经籍志》的说法是：

因为屈原是楚人，所以谓之楚辞。

屈原是湖北秭归人，1985年湖北江陵县志编撰委员考证，屈原是江陵（郢）人。不过在战国时期的楚地，范围很大，除了湖北、湖南二省外，还包括四川、安徽、河南、江苏以及江西的一部分。然而刘向编集的《楚辞》中的作者，并非都是楚人，如贾谊是河南洛阳人，他做过长沙王太傅，长沙是楚地。淮南小山是淮南王刘安的门下食客。刘安是刘邦的孙子，当然也是沛郡人，西汉时沛郡已置为楚国；刘安的食客，很有可能也是楚人。东方朔是平原厌次（今山东陵县）人，不过汉武帝时，诏为长侍郎、大中大夫等职。严忌是会稽郡吴县（今江苏苏州）人，或说浙江嘉兴人，他是梁孝王刘武的门客。王褒是蜀（四川）人，在汉宣帝时尝为待诏；宣帝十分爱好《楚辞》，曾诏九江被公诵读。刘向是汉高祖弟楚元王刘交的第四代孙，当然也是楚人，他和王褒在宣帝时，都曾献赋颂，官至散骑常侍。

如此看来，他们虽未必皆为楚人，但对楚的语言及文物的了解绝不陌生。所以宋人黄伯思《校定楚辞序》（见《宋文鉴》卷九二引）的说法就更为周全了。他说：

屈原、宋玉的篇章，都是书楚语、作楚声、纪楚地、名楚物，所以可谓之“楚辞”。像篇章中的“些、只、羌、谇、蹇、纷、侘傺”等是楚语；悲壮顿挫，或韵或否的形式是楚声；“沅、湘、江、澧、修门、夏首”等地名，都在楚地；“兰、葴、荃、药、蕙、若、芷、蘅”等植物，都是楚物。

笔者在《楚辞方言考》一文中，引用扬雄《方言》和段玉裁《说文解字注》二书的材料，证明《楚辞》中确实用了许多楚语；笔者从《楚辞古韵考》一书的押韵现象，证明《楚辞》确实为楚声；再从《楚辞》内文之地理观之，证明确实为楚地；从宋代吴仁杰《离骚草木疏》的检证，也确实为楚物。所以我们论定说，黄伯思的说法是可以成立的。所以“楚辞”一词，最清晰的诠释是：

“楚辞”是文人以楚歌特有的音节、旋律，楚语特有的方音、词汇，楚地特有的文物、地理，所创作的抒情诗歌。

《楚辞》既已成书，但前人对这些作品，并不一律以此相称。或称“辞”。如班固《离骚赞·序》说：“离犹遭也，骚忧也。明己遭遇作辞也。”又说：“原死之后，秦果灭楚，其辞为众贤所悲悼。”皆以“辞”来相称，所以清代陈本礼的书就称《屈辞精义》。

或称“赋”。如司马迁《史记·屈原列传》说：“屈原既死之后，楚有宋玉、唐勒、景差之徒者，皆好辞而以赋见称。”又说：“乃作《怀沙》之赋。”班固《汉书·贾谊传》说：“屈原楚贤臣也，被谗放逐，乃作《离骚》赋。”又班固《汉书·艺文志·诗赋略》也说:“屈原赋二十五篇。”所以清代戴震的书就称《屈原赋注》。

或称为“骚”。如梁代萧统编的《昭明文选》，选文的分类上，在“赋”“诗”之后，特标“骚”类。又如南朝刘勰的《文心雕龙》中，除《诠赋》篇外，亦有《辨骚》一篇，内容称引的是《楚辞》，所以清代胡文英的书就称《屈骚指掌》。诸如此类别称，我们读《楚辞》的人，也不可不知。

二、汉朝“楚辞”已成显学

“楚辞”到汉朝时已经成为“显学”。如《汉书·地理志》的说法是：

自从楚国的贤臣屈原被谗放流，作了《离骚》诸赋以自伤悼。后来有宋玉、唐勒之属，仰慕屈原而绍述他们的作品，也都以此而显名。

汉朝兴起，汉高祖兄长的次子濞，在吴招致天下娱游子弟。有枚乘、邹阳、严夫子之徒兴于文帝、景帝之际。而淮南王安也定都在寿春，招宾客著书。而吴地也有严助、朱买臣等。这些人在汉朝都借作品而显贵，文章辞采都有很好的发挥，所以世人都传诵“楚辞”这种文体。

吴王濞（公元前 216 年—前 154 年）、汉文帝（公元前 179 年—前 157 年）以及汉景帝（公元前 156 年—前 141 年）时期，创作“楚辞”的风气已然兴起。及至汉武帝（公元前

141 年—前 87 年）及宣帝（公元前 74 年—前 48 年）时期，“楚辞”已经成为“显学”。如司马迁（公元前 145 年—？）在《史记·张汤传》（武帝征和二年，公元前 91 年）中说：

朱买臣是会稽人，擅读《春秋》。严助使人赞誉买臣，买臣得以读《楚辞》而与严助都得到侍中的职位。

又班固（公元 32—92 年）在《汉书·朱买臣传》中也说：

正巧同乡严助得到宠幸，就推荐朱买臣。汉武帝召见买臣说《春秋》，读《楚辞》，武帝甚为喜悦。

二者都说明了《楚辞》的地位已经和经书中的《春秋》等量齐观。因为在西汉文帝及景帝之时，《春秋》已经和《诗》《书》并置为博士，及至汉武帝更增置《易》《礼》二博士，五经博士的设置，使得通晓儒家经典成为仕宦食禄的主要条件，从而确立了儒学经典的权威地位。又如《汉书·王褒传》提到：

宣帝时，修撰武帝时的典章旧事，讲论六艺群经，博采搜珍奇异说，征求能解读“楚辞”的儒者。九江的被公因而受召见诵读。

又刘向的儿子刘歆（公元前50年—公元23年）在《七略》（见《太平御览》卷八百五十九）中也提到：

孝宣皇帝征召被公，让他朗诵《楚辞》。被公年衰母老，每一次的朗诵，就能获得皇帝赐给他丰厚的粥品。

则诵读《楚辞》不仅成为专业，更能借此而得到俸禄和赏赐。《楚辞》之所以能成为“显学”，应该与汉朝开国的君主刘邦以及项羽等皆为楚人，有必然关系。如《史记·项羽本纪》的记载：

居住在鄛地的范增（项羽谋臣），年纪已七十，平素常居家，却好施奇计。他往见项梁（项羽的叔父）说：“陈胜的失败是当然。因为秦灭六国，楚最无罪。自楚怀王入秦不返，楚人至今还怜惜怀王，所以楚南公（一位道士）说‘楚虽三户，亡秦必楚’。”

“三户”指的就是楚国的贵族屈、景、昭三姓。所以以屈原作品为代表的《楚辞》，明显已经是汉朝激励爱国情操的教科书了。

三、《楚辞》与《诗经》的关系

当我们读《楚辞》时，不难感觉出这种文体的特殊性，它既是押韵的诗歌，又是句子可长可短的散文，它跟诗歌与散文都有承袭上的渊源；同时也兼具了诗歌的韵律之美和散文的灵活运作的活泼性。所以《楚辞》这种文体是“诗歌的散文化，散文的诗歌化”。前文提到《楚辞》与《诗经》号称“南北双璧”，那么《楚辞》与《诗经》的关系又如何呢？可以从“历史渊源”和“文体形式”两个角度切入探讨。

（一）历史渊源

从楚国的历史上观察，大约在鲁僖公二十八年（公元前632年），楚国的军事势力已经到达北方。《左传》的记载中，栾贞子（枝）曾说：“汉水以北的姬姓国，也就是周的氏族，都已经被楚国吞并了。”这就是历史上有名的“城濮之战”，栾贞子是晋国的大将，他是姬姓，栾氏。晋公子重耳得返晋国，他有很大的功劳。所以晋国的联军在城濮与楚军对峙时，晋文公对楚国的曾经施惠，还有一些顾忌。栾贞子以为:“汉水以北之地的姬姓国，都已被楚国吞并，这一战是无从避免的。”可见，这时楚国的势力已经到达北方，北方的政治、文化对楚国一定有所影响。

当时诸国使节的外交往来，折冲坛坫，都流行“即事赋诗”。所以孔子曾说:“不学《诗经》，是无法娴熟外交辞令的。”（见《论语・季氏》）又说:“虽能背诵《诗三百》（《诗经》），让他处理政事，却不能通达；让他出使四方，却不能娴熟应对，这种人读再多的诗又有什么用呢！”（见《论语・子路》）可见诸侯之间的外交往来，既以“即事赋诗”为例行礼节，楚国也理当如是。既然《诗经》在外交辞令上是如此重要，那么楚国的外交官会不熟读《诗经》吗?

我们在翻检《左传》后，不难发现楚国赋诗之风鼎盛。据游国恩《楚辞概论》的引述，鲁文公十年（周顷王二年，公元前 617 年）有子舟，是楚文王之后，曾引“刚亦不吐，柔亦不茹”，出自《诗・大雅・烝民》;“毋纵诡随，以谨罔极”，出自《诗・大雅・民劳》。鲁宣公十二年（周定王十年，公元前 597 年），有孙叔劝楚军必须掌握先机，主动出击。他引的诗句是“元戎十乘，以先启行”，出于《小雅・六月》。又当时楚子（楚人）所引的是“载戢干戈，载櫜弓矢。我求懿德，肆于时夏，允王保之”诗句，则出自《周颂・时迈》。又引的“耆定尔功”正是《周颂・武篇》的末句；而“铺时绎思，我徂维求定”句，则见于《周颂・赉篇》;“绥万邦。屡丰年”则引自《周颂·桓篇》。显然楚子对《诗经》是十分熟习的。

鲁成公二年（周定王十八年，公元前 589 年），申叔跪是申叔时之子，是楚国的氏族。巫臣负有军事使命而去齐，本该戒惧谨慎，却尽带其家室与财产，分明有逃亡之意。所以申叔跪引用“桑中之喜”以暗指巫臣与夏姬有私约。因为《桑中》是《诗经·鄘风》中的篇名，为民间男女幽会恋歌。申叔跪虽然只引用篇名，想见他对诗歌的内容是极为了解，所以才能这么恰当。又楚令尹子重所引的“济济多士，文王以宁”句，也出自《大雅·文王》。

又鲁襄公二十七年（周灵王二十七年，公元前 546 年），楚薳罢所赋的《既醉》，是《诗经·大雅》的篇名。诗中有“既醉以酒，既饱以德。君子万年，介尔景福”的句子，借以赞美晋侯。鲁昭公三年（周景王六年，公元前 539 年），楚子所赋之《吉日》，为《诗经·小雅》之篇名。为宣王田猎之诗。楚子欲与郑伯田猎，故赋之。所以下文有“子产乃具田备，王以田江南之梦”的话语。到了鲁昭公七年（周景王十年，公元前 535 年），芈尹是官名，无宇是荆地的一位殴鹿彘者，居然也能引《小雅·北山》以谏楚子；楚国人习读《诗经》之盛，于此可见。鲁昭公十二年（周景王十五年，公元前 530 年），楚右尹子革所引之《祈招》，为逸诗。楚子听后，竟然“馈不食，寝不寐，数日不能自克”，显然子革以诗进谏是很有效的。鲁昭公二十三年（周敬王元年，公元前 519 年），沈尹戌是楚庄王的曾孙，在楚平王时，尝任县尹，所以称沈尹戌。他对楚令尹囊瓦（子常）筑郢城的一番批评中，引用了

《大雅·文王》的诗句，正是说明了，在巩固疆土上，“修德”远比“筑城”重要。鲁昭公二十四年（周敬王二年，公元前518年），沈尹戌又引《大雅·桑柔》的诗句，意在批评楚王灭“巢”与“钟离”二帅一事。

《左传》中这些楚国君臣赋诗的记载之多，不亚于其他诸侯之国。而时间都在公元前500年之前。屈原之生，若照邹叔绩、陈旸、刘申叔诸人的考证，屈原当生于楚宣王二十七年（公元前343年，戊寅年一月二十一日）。若以陆侃如《屈原生卒年考》所述，屈原生于楚威王五年（公元前335年，丙戌年一月七日）。在屈原降生前近二百年，楚国对《诗经》的接受度已经如此之高，而屈原又是数度出使齐国的外交官，对《诗经》一定能朗朗上口，而他的作品又岂能不受《诗经》的影响呢！

（二）文体形式

我们对屈原作品曾受《诗经》影响的推断还不仅止于此。再从《楚辞》的文体形式上观察，二者的影响也是有脉络可循的。《楚辞》中屈、宋的诗篇，除了《天问》、《卜居》、《渔父》、《招魂》（“乱曰”除外）、《大招》外，其他诸篇都用了“兮”字作为句中或句末语气词，而我把“兮”字视同“音节延长的符号”。在朗诵《楚辞》时，能让音节有更多的变化。是形成“楚辞体”不可或缺的关键。它也是使四言的“诗经体”逐渐转化为“楚辞体”的重要成分之一。

再加上“楚辞体”的另一特色就是“单词冠首”；冠于句子最前端的字或词，可以是名词、形容词或副词，它之所以安置在句子的最前端，最重要的作用是加强语气。

1.《天问》与《九章·橘颂》的句型，最接近于《诗经》。如《天问》：

曰：遂古之初，谁传道之？上下未形，何由考之？
冥昭瞢暗，谁能极之？冯翼惟像，何以识之？
明明暗暗，惟时何为？阴阳三合，何本何化？
圜则九重，孰营度之？惟箬何功？孰初作之？

除了“曰”字表示诗歌的开始朗诵外，其他都是四字句，与“诗经体”的一般句型是比较接近的。就押韵现象看，韵脚字都在“之”的前一字。“道”“考”押古韵“幽”部；“极”“识”押古韵“之”部；“为”“化”押古韵“歌”部；“度”“作”押古韵“鱼”部。所以“之”字，在了解语义上，并不十分重要。如果把它视同虚字，或代以“兮”字，也无不可。再看《周南·关雎》：

关关雎鸠，在河之洲。窈窕淑女，君子好逑。
参差荇菜，左右流之。窈窕淑女，寤寐求之。
求之不得，寤寐思服。悠哉悠哉，辗转反侧。
参差荇菜，左右采之。窈窕淑女，琴瑟友之。

参差荇菜，左右芼之。窈窕淑女，钟鼓乐之。

当然以四字句为主要句型，就押韵现象看，“鸠”“洲”“逑”“流”“求”押古韵“幽”部；“得”“服”“侧”“采”“友”押古韵“之”部；“芼”、“乐”押古韵“宵”部。两相比较，《天问》和《关雎》一样，都在“之”的前一字为韵脚，这现象不该只是巧合。

2.《九歌》的句型是“兮”字与“单词冠首”的活化。如《东皇太一》:

吉日兮辰良，穆将愉兮上皇。抚长剑兮玉珥，璆锵鸣兮琳琅。

瑶席兮玉瑱，盍将把兮琼芳。蕙肴蒸兮兰藉，奠桂酒兮椒浆。

扬枹兮拊鼓，〇〇兮〇〇。疏缓节兮安歌，陈竽瑟兮浩倡。

灵偃蹇兮姣服，芳菲菲兮满堂。五音纷兮繁会，君欣欣兮乐康。

基本上，“兮”字都出现在句子的中央，它原本只是“音节延长的符号”，不具备实质的文字意义，闻一多在《楚辞校补》中，认为它是一个可转换成多种关系词的虚字。在前引的诗歌中“吉日兮辰良”“瑶席兮玉瑱”“扬枹兮拊鼓”三句，都是四字句的中间加一“兮”字，就变成五字句。若照闻氏的说法，前两句的“兮”字，可代以“与”字，第三句则可代以“与”或“以”皆可通。而我则以为“兮”字只表示，朗诵时语调必须延长，以增强诗歌的声调美感。它原不必具有任何字义。换言之，这三句就与《诗经》的句型一致。

至于其他诸句皆为五字句，则是“单词冠首”的活化。“穆将愉兮上皇”中“穆”是副词冠首；“抚长剑兮玉珥”中“抚”是动词冠首；“璆锵鸣兮琳琅”中“璆”是副词冠首；“盍将把兮琼芳”中“盍”是句首语气词冠首；“蕙肴蒸兮兰藉”中“蕙”是形容词（名词作形容词用）冠首；“奠桂酒兮椒浆”中“奠”是动词冠首；“疏缓节兮安歌”中“疏”是动词冠首；“陈竽瑟兮浩倡”中“陈”是动词冠首；“灵偃蹇兮姣服”中“灵”是名词冠首；“芳菲菲兮满堂”中“芳”是名词冠首；“五音纷兮繁会”中“五音”虽已成组合式合义复词，“五”字仍有形容词冠首的意谓。“君欣欣兮乐康”中“君”是名词冠首。这些冠首字的删除，对诗意的影响并不大。它的最大作用是将“兮”字加入后，使四字句变成了六字句。

尝试删去冠首的单词与“兮”字。诗歌的样貌将变成：

吉日辰良，将愉上皇。长剑玉珥，锵鸣琳琅。
瑶席玉瑱，将把琼芳。肴蒸兰藉，桂酒椒浆。
扬枹拊鼓，○○○○。缓节安歌，竽瑟浩倡。
偃蹇姣服，菲菲满堂。音纷繁会，欣欣乐康。

这与《诗经》的样貌是十分神似的。

3.《离骚》与《九章》(《橘颂》除外)是成熟的“楚辞体”。

前引《九歌·东皇太一》的句型，已经是六字句，若“兮”字转化成关系词，则句子中就没有了“兮”字，“音节延长的符号”消失了，也就不能成为“楚辞体”，必须再加“兮”字。这种句型结构的改变，可以“楚辞体”中最成熟的《离骚》和《九章》(《橘颂》除外)为例。如《离骚》中一段：

帝高阳之苗裔兮，朕皇考曰伯庸。摄提贞于孟陬兮，惟庚寅吾以降。

皇览揆余初度兮，肇锡余以嘉名。名余曰正则兮，字余曰灵均。

纷吾既有此内美兮，又重之以修能。扈江离与辟芷兮，纫秋兰以为佩。

“帝高阳之苗裔兮，朕皇考曰伯庸”二句中，“帝高阳之苗裔”与“朕皇考曰伯庸”都已经是六字句，从转变迹象中审视，“帝”和“朕”都是名词冠首，“之”和“曰”是从原本“九歌体”的句中“兮”字转换成虚字。然则二句中既已无“兮”字，就不成“楚辞体”，所以在“帝高阳之苗裔”句下必须再加“兮”字。“摄提贞于孟陬”中“摄提”已经是复合式专有名词，而“纷吾既有此内美”中的“纷”字又是副词冠首。末三句中的“又”是副词冠首，“扈”“纫”都是动词冠首。如此句式已渐渐脱离《诗经》的四言体，而逐渐形成成熟的“楚辞体”。为了解转变之迹，再试图转变为四言体。

高阳苗裔，皇考伯庸。（摄提）贞孟陬，庚寅吾降。
览余初度，肇锡嘉名。名余正则，字余灵均。
既有内美，重之修能。江离辟芷，秋兰为佩。

但是，在复合词的多量使用后，成熟“楚辞体”的逐渐定型，而与“诗经体”的句式已渐行渐远。

4.《诗经》中也不乏使用“兮”字。

虽然我们强调“兮”字的运用是“楚辞体”的重要特色，实则《诗经》中使用“兮”字，多见于《国风》（二十五首），《小雅》（八首）中约略见之，《大雅》与《颂》诗中却未尝一见。可见“兮”字的应用，通常是比较接近于民歌的。现将二者“兮字句”比较如后（仅各举一例）：

（1）兮字用于单字之后者
绿兮衣兮，绿衣黄里。心之忧矣，曷维其已！
绿兮衣兮，绿衣黄裳。心之忧矣，曷维其亡！

绿兮丝兮，女所治兮。我思古人，俾无訧兮。

絺兮绤兮，凄其以风。我思古人，实获我心！《绿衣·邶风》

眴兮杳杳，孔静幽默。《九章·怀沙》

（2）兮字用于三字句之后者

葛之覃兮，施于中谷，维叶萋萋。黄鸟于飞，集于灌木，其鸣喈喈。

葛之覃兮，施于中谷，维叶莫莫。是刈是濩，为絺为绤，服之无斁。

言告师氏，言告言归，薄污我私，薄澣我衣。害澣害否？归宁父母。《葛覃·周南》

思美人兮，览涕而竚眙。《九章·思美人》

（3）兮字用于四字句之后者

日居月诸，照临下土，乃如之人兮，逝不古处！胡能有定，宁不我顾！

日居月诸，下土是冒，乃如之人兮，逝不相好！胡能有定，宁不我报！

日居月诸，出自东方，乃如之人兮，德音无良！胡能有定，俾也可忘！

日居月诸，东方自出，父兮母兮，畜我不卒！胡能有定，

报我不述！《日月·邶风》

滔滔孟夏兮，草木莽莽。伤怀永哀兮，汩徂南土。《九章·怀沙》

（4）兮字用于第二句之后者

蓼彼萧斯，零露湑兮。既见君子，我心写兮。燕笑语兮，是以有誉处兮。《蓼萧·小雅》

后皇嘉树，橘来服兮。受命不迁，生南国兮。

深固难徙，更壹志兮。绿叶素荣，纷其可喜兮。《九章·橘颂》

（5）兮字用于逐句末之后者。《楚辞》中缺此类用法

缁衣之宜兮，敝予又改为兮，适子之馆兮，还予授子之粲兮。

缁衣之好兮，敝予又改造兮，适子之馆兮，还予授子之粲兮。

缁衣之蓆兮，敝予又改作兮，适子之馆兮，还予授子之粲兮。《缁衣·郑风》

（6）兮字间错使用者。《楚辞》中缺此类用法

岂曰无衣七兮，不如子之衣，安且吉兮。

岂曰无衣六兮，不如子之衣，安且燠兮。《无衣·唐风》

从以上《诗经》与《楚辞》中使用“兮”字的句型比较，也不难发现：一、《诗经》中使用“兮”字的句型，已习以为常，“楚辞体”之“兮”用法，不无受《诗经》影响之可能。二、《诗经》中“兮”字句的使用，见于《国风》者二十五首，见于《小雅》者八首，而《大雅》与《颂诗》则阙如。可见“兮”字的运用习见于民歌，而《楚辞》之音乐当亦源于楚风。三、《诗经》中“兮”字的运用较之《楚辞》尤为多样且生动活泼，可见《楚辞》的“兮”字运用，虽脱化于《诗经》，但亦逐渐定型，形成特色，继而影响汉赋。

无论从“历史渊源”或“文体形式”上观察，《楚辞》之尝受《诗经》影响是可以成立的。

叁

沅、湘流域的祭神歌——《九歌》

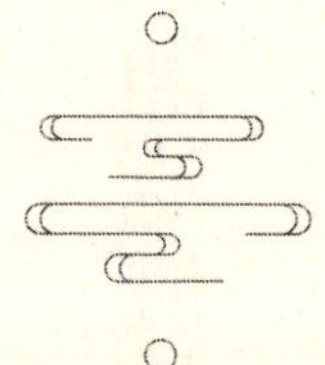

一、《九歌》不是屈原的原创

我在介绍屈原的作品时，首先谈《九歌》，是因为《九歌》乃沅、湘流域的民间祭神歌，虽然在汉代王逸《楚辞章句》中的篇序，列于第二，次于屈原的作品《离骚》。然而《释文》则列于第三，在宋玉的作品《九辩》之后。可见《楚辞》之编目先后，本无定制。王逸《楚辞章句·九歌叙》先说"《九歌》者，屈原之所作也"，而下文却又以为：

> 屈原放逐，流窜伏匿在沅湘流域，满怀忧苦，愁思沸郁。出外见到俗人祭祀的礼仪，歌舞的音乐，辞藻鄙陋。于是就写作了《九歌》。借以上陈事神的虔敬，下见自己的冤结，并寄托以讽谏君王。所以《九歌》的文意不同，章句错杂，而造成了多种不同的异义。

意谓《九歌》未必是屈原的原作，乃是见到民间俗人祭祀之礼，歌舞之乐，其辞鄙陋，才作《九歌》之曲。则屈原之前应该已经有民间祭神歌谣的存在，而屈原只是加以润饰或修改而已。及至宋代朱熹《楚辞集注·九歌序》中，话就说得更为明白，大意是说：

往昔楚国南郢一带，沅湘之间，习俗信鬼而好祭祀，祭祀时必使巫觋作乐，歌舞以欢娱神祇。蛮荆之地，习俗卑陋，文词既鄙俚，而在阴阳人鬼之间，又难免会有亵慢淫荒的掺杂。屈原既已放逐，见到这些祭神歌而有所感触。故颇为更定其文词，删去太亵慢的文字。又借此事神的心态，以寄托自己忠君爱国，眷恋不忘的心意。是以《九歌》的文字，虽不免有燕昵之嫌，却让君子反而有所取法。

当中已明显指出“蛮荆之地，习俗卑陋，文词既鄙俚，而在阴阳人鬼之间，又难免会有亵慢淫荒的掺杂。屈原既已放逐，见到这些祭神歌而有所感触。故颇为更定其文词，删去太亵慢的文字”，就是屈原修改、润饰《九歌》的动机与态度。所以胡适之在《读楚辞》（见《胡适文存》二集）中更直截了当地说：《九歌》与屈原绝无关系，是当时湘江民族的宗教舞歌。所谓“绝无关系”，却也稍嫌武断。

就《楚辞》中文字观察，“九歌”一词凡三见；二见于《离骚》“启九辩与九歌兮，夏康娱以自纵”和“奏九歌而舞韶兮，聊假日以婾乐”，另见于《天问》“启棘宾商，九辩九歌”。王逸在“启九辩与九歌兮，夏康娱以自纵”句下注解：《九歌》是“九功之德，皆有次序而可歌”，而“九功”则是指“火、水、金、木、土、谷谓之六府，正德、利用、厚生谓之三事”，“六府”是指施政的官署，“三事”则是施政的方针。若参诸《离骚》文义，“九功之德皆可歌也”的《九歌》是绝不该引致“夏康娱以自纵”之荒废国政，以致失国的地步。进而再翻检《九歌》的内容，皆是祭神的乐曲，与“九功之德”的内容也极不相类。所以《九歌》的旧说是不能成立的。纵使“九歌”一词是引用传统乐曲名，也只是“旧瓶装新酒”而已。

二、《九歌》的结构

今所传《九歌》，共十一篇:《东皇太一》《云中君》《湘君》《湘夫人》《大司命》《少司命》《东君》《河伯》《山鬼》《国殇》《礼魂》。既为十一篇，何以称《九歌》呢？于是引起了一些学者，尝试从篇章之分合着手，凑其为“九”数。如清代王夫之《楚辞通释》，以《礼魂》为送神曲，继而近人梁启超，引申之，以《东皇太一》为迎神曲，迎、送二曲，各篇通用，所以其他所歌咏的篇章当为九个神。明代黄文焕《楚辞听直》和清代林云铭《楚辞灯》则合《山鬼》《国殇》《礼魂》为一章；而清代蒋骥《山带阁注楚辞·余论》又以《湘君》《湘夫人》合为一篇;《大司命》《少司命》合为一篇，以成九数。凡此种种，众说纷纭。总之，都是拘泥于“九”为实数，无甚意义。

王逸《楚辞章句·九歌序》既已提出《九歌》“文意不同，章句错杂”的疑义，恐怕就不得不从《九歌》的结构加以探讨。清代陈本礼《屈辞精义》写道:

我以为九歌这种乐歌，有男巫歌的，有女巫歌的，有巫觋并舞而歌的。有一巫唱而众巫和的。激楚扬阿，声音凄楚，所以能动人感神。

既然《九歌》各篇的主唱者不同，则无怪乎王逸有“文意不同，章句错杂”的慨叹。日本汉学家青木正儿《楚辞九歌的舞曲结构》[1]一文中，更承续陈本礼的说法将《九歌》中诸神分阴、阳，阴神则男巫祭之，阳神则女巫祭之。其十一篇之式样，可分为独唱独舞式、对唱对舞式、合唱合舞式、一巫唱而众巫和式等四式。笔者对《九歌》十一篇的诠释，即采用此种“舞曲结构”的形式加以修正与补充。

1　见《国文月刊》合订本，泰顺书局出版。作者署名纪庸，其原文作者当为青木正儿。

三、《九歌》诸神的造型和文辞之美

（一）东皇太一

东皇太一是楚国的尊神。他的地位就像楚人尊奉的上帝（天帝）。宋玉《高唐赋》说："醮祭诸神，典礼太一。"显然"太一"（泰一）的祭祀，在楚国早已十分盛行。又据《史记·封禅书》说：

天神中最尊贵的神是太一，太一的辅佐是五帝。古时候，天子以春、秋祭祀太一于东南郊，用太牢之礼。

《汉书·郊祀志》的说法与《史记》相同。张守节《正义》也说："泰一是天帝的别名。"而王逸的《楚辞章句》却又说："太一是星名。"而洪兴祖《楚辞补注》引《汉书·天文志》也说："中宫天极星，其中最明亮的一颗星，就是泰一的居所。"又引《淮南子·天文篇》说："太微，太一的宫庭。紫宫，太一的居所。”所以又称“太一”为星名。是因为古人对神的形象与居处，难以定指，就往往以天上之星宿相对应。星宿也称“形神”。

“太一”既为最尊贵的上帝，所以诗篇中只描写仪式中祭品陈设之盛，祭巫的服饰以及邀请神祇的降临和受享的虔诚。绝少提到人（祭巫）与神（扮神巫）之间的爱慕言辞和缠绵悱恻的相思。对神灵的描写只有“灵偃蹇兮姣服”一句，虽仅此一句，已然感觉到“东皇太一”的雍容华贵气质。所以《庄子·列御寇》说：“太一的形象是虚空的。”虽然此所谓“太一”也有指“大道”的意思，但也意谓：这位至高无上的尊神，是不容许图画他的形貌的。

至于“东皇太一”的职司，据《吕氏春秋·仲夏纪》说：“音乐之所由来已经久远，它生于度量，本于太一。”又说：“万物之所出，皆营造于太一。”所以“太一”的职司是营造万物，而音乐自然包含其中。我们检视《东皇太一》的歌辞，自“扬枹兮拊鼓”句以下，皆为音乐的铺叙，则“东皇太一”与音乐是绝对脱离不了关系的。因为“礼、乐”是建构道德、人伦、社会秩序的根本。

且看《东皇太一》的歌辞：

吉日兮辰良，穆将愉兮上皇。
抚长剑兮玉珥，璆锵鸣兮琳琅。
瑶席兮玉瑱，盍将把兮琼芳。

蕙肴蒸兮兰藉，奠桂酒兮椒浆[1]。
扬枹兮拊鼓，〇〇兮〇〇[2]。
疏缓节兮安歌，陈竽瑟兮浩倡。
灵偃蹇兮姣服，芳菲菲兮满堂。
五音纷兮繁会，君[3]欣欣兮乐康。

来试图重现它祭祀时的场景：扮神男巫登场，没有舞蹈，没有歌唱，表情庄严肃穆。祭神女巫独唱独舞，副歌的歌声轻柔舒缓，主歌的声音激昂高亢。乐器以鼓、瑟为主。祭堂上酒、肴满案，阵阵的馨香，随着乐音飘散。

（祭巫唱）吉祥的日子，美好的时光。肃穆的心情，欢愉上皇。

手抚着长剑的玉柄，佩饰是璆然锵然响不停的美玉琳琅。
瑶玉缀饰的席子；玉制的压瑱，还有成把的琼芳。
蕙香的肴菜才端上，还垫着馨兰，已奉上桂酒与椒浆。
扬起鼓槌，轻敲铜鼓[4]……
先是舒缓的节奏，轻柔的歌声，继而竽瑟并陈，放声高唱。

---

1 浆也是酒。

2 “鼓”字与上下文均不协韵。当脱一句，押阳韵。

3 君指东皇太一。《九歌》中凡用“君”以代称神者，皆为阳性，由男巫扮演。

4 铜鼓是中国古代西南地区（今广西、四川、云南等地）的乐器。一九七六年云南楚雄彝族自治州万家坝出土五个铜鼓，据考古学家鉴定为两千七百年前的古物，也是中国现存最早的铜鼓。

神灵的服饰美丽端庄，芳香洋溢在厅堂。

五音纷然交响，神啊！您降临了喜悦与安康。

（二）云中君

王逸《楚辞章句》说：“云神名叫丰隆，一说叫屏翳。”《史记·封禅书》以为汉高祖时，“东君”“云中君”“司命”之属，已列为晋（地）巫所主持的祭祀。所以旧注皆以“云中君”为云神而无疑义。

然而到了清代徐文靖《管城硕记》卷十四“楚辞集注”条下，有了异说。大意是：

按《左传·定公四年》说：楚子涉过睢水，济过长江，进入到云中。杜注以为“云中”就是“云梦泽中”。则云中应该是楚之巨大薮泽。云中君犹如湘君。……湘君有祠，巨薮如云中岂能无祠呢？“灵皇皇兮既降，猋远举兮云中”；亦犹如湘君所说：“横大江兮扬灵。”岂是一定必谓云际呢？《封禅书》说：晋巫祠东君、云中。《索隐》说：王逸注《楚辞》时，才以云中君指云，则以云中为云神，是从王逸才开始的。

此说十分新颖，不但凸显了“云梦大泽”在楚国的地位；也解释了“云中”与“云”有所不同的疑虑，但终究无法解释何以“云中君”有“丰隆”之名。

及至近人姜寅清《屈原赋注》说：

云中在东君之后，与东君配，亦如大司命配少司命，湘君配湘夫人。则云中君月神也。又以本篇文义证之，曰“烂昭昭”，曰“齐光”，曰“皇皇”，皆与光义相连……

其实，“云中君”乃在“东皇太一”之后，且篇中明言“与日月兮齐光”，既与日月齐光，当非指月神明矣。所以姜说也只能聊备一格。

笔者则以为，“云中君”或当为“雷神”。其理由如下：

1. 王逸说：“云神丰隆也。”既名“丰隆”必有所取义。按古无轻唇音，故“丰”读为“ㄆㄥ”（peng）；而古音谐声中，更有复辅音之存在。故“隆”当读“ㄎㄌㄨㄥ”（klong）。明显为象雷声。云神之名，何以冠上雷声？

2. 篇名既言“云中君”，若释为“云神”，与其他篇章释名之体例不一。如“湘君”之为湘水之神，“东君”之为日神，“河伯”之为河神，“山鬼”之为山神……何独云神不迳称“云君”，而称“云中君”？“云中”当非指“云”明矣。

3. 篇中“灵连蜷兮既留”句，“连蜷”是形容神灵自天而降的姿态。“猋远举兮云中”是描述神灵的往来倏忽，不必一定与云的飘浮有关，何况《少司命》也有“倏而来兮忽而逝”的描写。大凡《九歌》中的神灵，虽可下凡受飨，但都不会久留人间。又“浴兰汤兮沐芳，华采衣兮若英”二句则是描写祭巫的事神之诚意和服饰之美。皆未必仅能描绘云彩之状。

4. 篇中提到神灵的出现时，皆有光的描写。如“烂昭昭兮未央”“与日月兮齐光”“灵皇皇兮既降”等，正是雷与闪电常相随而至的自然现象。

5. 神话的形成，多来自民间的信仰。信仰的持久，多建立在敬畏与恐惧之上。《远游》中“左雨师使径侍兮，右雷公以为卫”的描述，已证成，战国时，楚俗中已有雷神。至今则民间信仰中，雷神远比云神兴旺。

“云中君”既释为雷神，探其造型，则首见于《山海经·海内东经》的描述：

> 雷泽中有雷神，龙的身体人的头，肚子撑得鼓鼓的。

又见《山海经·大荒东经》的描写：

> 东海中有座流波山，入海七千里。其上有头野兽，形状像牛，苍黑的身体却没长角，只有一只足，它出入水中时一定有大风大雨，它会发光像日月，它会发声像打雷，它的名字叫夔。黄帝捕获了它，用它的皮做成鼓，用雷兽之骨来敲打，声闻五百里，威震天下。

郭璞注：“雷兽即雷神也。”然上文并未明言，夔与雷兽，是否为一物。参诸《史记·五帝本纪》：“舜在历山耕作，在雷泽渔猎。”《正义》引《山海经》则说：“雷泽中有雷神，龙的身体人的面貌，鼓起肚子就能打雷。”则夔为雷神的语义更加明晰。《庄子·秋水》中有“夔怜蚿”一句，《释文》引李注：

黄帝在位时，诸侯在东海流山（疑即流波山）获得奇兽，形状像牛，苍黑色却不长角，只有一足却善走，出入水中时就大风大雨，眼睛发光像日月，发声像打雷，名叫夔。黄帝杀了它，剖下皮以覆盖大鼓，发出的声音远传五百里。

引文虽与《大荒东经》稍异，但它肯定了夔为雷兽，也即雷神，更凸显了神话在早期发展中，有神作兽形的阶段。

检视雷神的形貌中，不难发现；“龙身”（龙首）、“光如日月”（目光如日月）等特征，也见于《九歌·云中君》，只是诗篇中的雷神“云中君”已更为美化。

及至汉代王充《论衡·雷虚》篇大意说：

画图的工匠，在画雷的形状时，总画成一串鼓的形状，再画一个人像力士的容貌，称为雷公。让他左手牵着一串鼓，右手拿着鼓槌，像击鼓的样子。图画的原意以为，雷声隆隆是一串连鼓相叩击的意思，惊心动魄像爆裂般，则是捶击的声音。雷能杀人，就是牵引连鼓相捶击的结果。世人也都相信了，若要探讨真相，这都是虚妄之图像。

虽然《论衡》一书意在驳虚幻。但其图画之状的雷公形貌，则是民间流传极为普遍的雷神造型。至于干宝《搜神记》卷十二“记扶风杨道和事”，以雷神为“霹雳，头似猕猴”。唐代房千里《投荒杂录》以为“豕首鳞身”。李肇《国史补》以为“状类彘”，则多少又与夔的形貌类似。及至《三教搜神大全》作：“妖其头，喙其嘴，翼其两肩，左尖右槌，足蹈五鼓而升，天帝封之为雷门之师。”已经是民间信仰中的雷神了。

其实，雷神在沅、湘流域的民间祭祀中，已转化为极度美丽的形貌。且看《云中君》的歌辞是：

浴兰汤兮沐芳，华采衣兮若英；
灵连蜷兮既留，烂昭昭兮未央；
謇[1]将憺兮寿宫[2]，与日月兮齐光；
龙驾兮帝服，聊翱游兮周章；
灵皇皇兮既降，猋远举兮云中；
览冀州兮有余，横四海兮焉穷；
思夫君兮太息，极劳心兮忡忡。

我们试图重现它祭祀时的场景：祭神女巫的身上缀饰着百草鲜花，一边起舞一边独唱，表情从奔放而哀怨。扮神男巫威

1 謇：句首语气词，有“且”的意思。
2 寿宫：祭祀神灵的地方。

武肃穆，服饰华丽，舞步沉稳。

（祭巫唱）浴以兰泽之汤，沐以白芷之香；华丽的彩衣像花一般。

神灵已婆娑下降，灿烂的神采久久长长。

您且安息在寿宫，与日月齐放光芒！

六龙的车驾，帝王的服装，在九天周游翱翔。

耀眼的神灵倏而下降，又飙然远去天上。

览遍了冀州，还有他乡，横渡了四海，又焉有穷尽的地方？

对您的思慕已变成惋叹，伤透了我的心灵衷肠。

（三）湘君、湘夫人

湘君与湘夫人是湘江中的配偶神。湘江又称湘水，发源于广西临桂县海洋河，从湖南永州东安县流入湖南，在湘阴县的濠河口，分左右两支，汇入洞庭湖。屈原再放江南时，曾经来到这一带。

湘君、湘夫人的神话发展，大约可以分为四个阶段：

1. 湘君与湘夫人为湘水配偶神。就神话学的观点看，“湘君”与“湘夫人”于形成之初，不该特指一人，尤其不会是历史人物“舜”。就《九歌》之诸神观之，如“河伯”“东君”“山鬼”等均无定指。王逸以为，湘君者自其水神而谓，湘夫人乃二妃也。（见洪兴祖《楚辞补注》“湘君释题”）所以郭璞注《山海经·中山经》：“洞庭之山 ……帝之二女居之。”谓二女者乃天帝之二女，正是此意。而屈原《远游》说：“使湘灵鼓瑟兮，令海若舞冯夷。”湘灵也即湘水之神。

2.湘君为舜，湘夫人为娥皇、女英。据《史记·五帝本纪》说：“（舜）巡狩南土，驾崩于苍梧，葬于江南九疑，是为零陵。”所以舜对江南之地必然有相当大的贡献，也必然受到百姓之尊崇与感念。屈原在作品中也屡屡透露出他对舜的重视。如《离骚》：“济沅湘以南征兮，就重华而陈词。”重华就是舜，是屈原内心彷徨无依时，继向女媭倾诉后的第一人。所以将舜从人格转换为神格，当已是汉代王逸等注释家的心态。而尧之二女，也即舜之妃，娥皇、女英之万里寻夫，血染斑竹，殒于湘江的凄美感人行为，以之配祠舜，而为湘夫人，也理所当然。所以《湘君》有“君不行兮夷犹”句，王逸注：“君谓湘君也。”其下句“蹇谁留兮中洲”，王注：“以为尧二女妻舜，有苗不服，舜往征之，二女从而不反，道死于沅湘之中，因为湘夫人也。所留盖谓此。”至为明显。

3.湘君为娥皇、女英。《史记·秦始皇本纪》提到，始皇还都时，经过彭城，斋戒祷祠，希望能从泗水中出现周鼎。于是让千人没入水中求鼎，却无所获。于是往西南渡过淮水，到了衡山、南郡，再渡过长江，到达湘山祠。遇到大风，几乎渡江不成。秦始皇追问博士说：“湘君是什么神？”博士回答：“传闻是尧的女儿，舜的妻子，就葬在此。”可见秦博士是把舜的妻子，也即娥皇、女英视为湘君。

又刘向《列女传》卷一也说："舜巡狩四方，死于苍梧，号称重华。二妃死于江湘之间，俗谓之湘君。"此二者之说均未言"湘夫人"为谁？似皆不够周全。

4. 湘君为娥皇，湘夫人为女英。洪兴祖《楚辞补注》"湘君释题"以为郭璞与王逸的说法都是错的。尧之长女娥皇为舜正妃，所以称君；尧的次女女英，自宜降为夫人。所以《九歌》歌辞中称娥皇为君，谓女英为帝子。但经笔者将《九歌》内文归类后可证，《九歌》中之诸神，凡以"君"为称代者，其神皆为阳神，扮神者亦为男巫。则以"湘君"指称娥皇或女英者皆不能成立。如果以神话学的角度看，第一种说法为妥当。但若为楚人对舜的感念，则第二说也不无可能。

至于"湘君"和"湘夫人"的形貌又如何？寻索《湘君》篇中，对神灵的形貌没有描写。那么"湘君"为湘水之神的造型究竟如何？也未见于载籍。若退而求之，以"湘君"为舜，则其形貌，可见于《荀子·非相》说："帝舜短小。"《淮南子·修务》也说："舜霉黑。"《孔丛子·居卫》也说："舜面颔无光。"《尸子》说："舜两眸子。"皆与常人无异。或仅因长期治水而皮肤较为黝黑而已。至于"湘夫人"的造型，则见《山海经·中山经》的描述：

又东南一百二十里，叫洞庭之山，……帝的二位女儿居住在此，她们常在江渊出游。澧、沅飘来的风，就在潇、湘之渊交会，她们在九江之间出入时，一定有飘风暴雨。此处甚多怪神，状貌像人而头上戴着蛇，左右手操蛇，也多怪鸟。

郭璞注："天帝之二女而处江为神也。"汪绂说："帝之二女，为尧之二女以妻舜者娥皇女英也。相传谓舜南巡狩，崩于苍梧，二妃奔赴哭之，殒于湘江，遂为湘水之神。屈原《九歌》所称湘君、湘夫人是也。"则湘夫人的出现必多飘风暴雨，而其形貌也当如怪神，状如人而载（戴）蛇，左右手操蛇，四周翔飞着许多怪鸟。不过演变到《湘夫人》诗篇的描述，其形貌虽然只有"帝子降兮北渚，目眇眇兮愁予"二句，却已从似人似兽的形貌转变为眉目传情的丽人。

《九歌》中《湘君》的歌辞是：

君[1]不行兮夷犹，蹇谁留兮中洲？
美要眇兮宜修，沛吾乘兮桂舟。
令沅、湘兮无波，使江水兮安流。
望夫[2]君兮未来，吹参差兮谁思？
驾飞龙兮北征，邅[3]吾道兮洞庭。
薜荔柏[4]兮蕙绸，荪桡兮兰旌。
望涔阳兮极浦，横大江兮扬灵。

1 称代湘君。
2 夫：远指指称词，"夫君"就是"那个人"。
3 邅：转的意思。
4 薜荔：爬藤植物。柏是附着。

扬灵[1]兮未极，女婵媛兮为余太息！
横流涕兮潺湲，隐思君兮陫侧。
桂棹兮兰枻，斫冰兮积雪。
采薜荔兮水中，搴芙蓉兮木末。
心不同兮媒劳，恩不甚兮轻绝。
石濑兮浅浅，飞龙兮翩翩。
交不忠兮怨长，期不信兮告余以不间。
朝骋骛兮江皋，夕弭节兮北渚。
鸟次兮屋上，水周兮堂下。
捐余玦兮江中，遗余佩兮澧浦。
采芳洲兮杜若，将以遗兮下女。
时不可兮再得，聊逍遥兮容与。

我们试图重现《湘君》祭祀时的场景：祭神女巫开唱时的表情狐疑，随即喜悦，舞步也随着感情的变化由舒缓转为轻快，结尾时的表情失望、哀怨。扮神男巫登场，形貌俊美，舞姿扭动似水，短暂停顿后，随即登天。

（祭巫唱）您伫立而夷犹，究竟为谁站在中洲？
我既貌美又善于修饰，走吧！一同搭乘桂木之舟。
令沅湘安静无波，使江水潺潺而流。
盼望着您却没来，吹奏着洞箫遥思。

1 灵：舲船。

驾着飞龙之舟北去，却又转回到了洞庭。

薜荔张贴的舱壁，蕙草编织的帷帐，荪饰的船桨，兰缀的旗旌。

遥望着涔阳的远方，扬帆横渡过大江。

船还没抵达对岸，女伴牵挂得为我叹息。

纵横的泪水潺湲；思君的心情悱恻。

桂木的船棹，木兰的船板；斫去的寒冰又被积雪覆上。

采薜荔竟然在水中，摘芙蓉却爬到树梢。

心意不同媒人白忙，恩情不深轻易离散。

石濑上流水依旧浅浅，飞龙之舟依旧翩翩；

交友不忠只能怨长，期约不守却说不得空闲！

清晨我奔走在江皋，傍晚我缓步在水的北边。

归鸟已栖身在屋上，流水环绕在堂下。

（神灵！您究竟在何方？……）

捐弃了我的玉玦到江中；遗留下我的佩饰在澧浦。

不如采撷芳洲上的杜若，将它送给凡界的侣伴。

消逝的时光永难覆返，不如排遣忧思把心胸放宽。

而《湘夫人》的歌辞，在布局、结构上和《湘君》十分相似。但由于神祇的性别不同，自然神态与佩饰也异。《湘夫人》的歌辞是：

帝子[1]降兮北渚，目眇眇兮愁予。
袅袅兮秋风，洞庭波兮木叶下。
（登）[2]白薠兮骋望，与佳期兮夕张。
鸟何萃兮苹中？罾何为兮木上？
沅有茝兮澧有兰，思公子[3]兮未敢言。
荒忽兮远望，观流水兮潺湲。
麋何食兮庭中？蛟何为兮水裔？
朝驰余马兮江皋，夕济兮西澨。
闻佳人[4]兮召予，将腾驾兮偕逝。
筑室兮水中，葺之兮荷盖。
荪壁兮紫坛，匊芳椒兮成堂。
桂栋兮兰橑，辛夷楣兮药房。
罔薜荔兮为帷，擗蕙櫋[5]兮既张。
白玉兮为镇，疏石兰兮为芳。
芷葺兮荷屋，缭之兮杜衡。
合百草兮实庭，建芳馨兮庑门。
九嶷缤兮并迎，灵之来兮如云。
捐余袂兮江中，遗余褋兮澧浦。
搴汀洲兮杜若，将以遗兮远者。

1 帝子：指湘夫人。
2 原脱“登”字，今补。
3 公子：指湘夫人。
4 佳人：指湘夫人。
5 擗：张开。櫋：屏风，以蕙为之，故称“蕙櫋”。

时不可兮骤得，聊逍遥兮容与。

我们也试图重现《湘夫人》祭祀时的场景：祭神男巫主唱，歌声从柔美转为失望。众助祭巫、觋扮九嶷山的诸神和声共舞。扮神女巫登场，脉脉含情，舞姿曼妙，没有唱词，场景热闹非凡，充满动感时，扮神女巫随即登天远逝。

（主祭巫唱）帝子已仿佛降临在北渚，脉脉含情的眼神令我发愁。

袅袅的秋风，吹皱了洞庭湖水，树叶也纷纷落下。
我登上白薠骋目四望，与佳人的约会就在傍晚。
归鸟为何栖身在水草之中？渔网怎么会挂在树上？
沅有芷，澧也有兰，唯有我想着公子却不敢讲。
恍惚中远望，看到的是流水潺潺。
麋鹿为何圈养在庭中？蛟龙怎么会困于浅滩？
清晨我的马车奔驰在江皋，傍晚已渡河到西岸。
听说佳人在殷切呼唤，将一起腾驾远航。
筑起新房在水中，白芷的小屋，荷叶为盖；
荪草饰的墙壁，紫贝砌的高台，播撒芳椒满堂。
桂木的栋梁，木兰的藻井，辛夷的门楣和白药的卧房。
网薜荔成帷帐，张开屏风阻挡。
以白玉为压镇，散布石兰的芬芳。
白芷的小屋，荷盖的草房，处处缠绕着杜蘅的馨香。
庭院中满布百草，搭起一座芳馨的长廊。

九嶷山热闹缤纷，迎接的神灵如云。
（神灵已悄然远逝 ……）
捐弃我的衣袂到水中，遗留下我的弓褋在澧浦。
不如采撷汀洲上的杜若，将它送给远方的侣伴。
消逝的时光永难再得，不如排遣忧思把心胸放宽。

（四）大司命、少司命

清代王夫之《楚辞通释》以为旧说（王逸说）将文昌宫第四星称为司命，是出自郑康成《周礼注》，乃谶纬家的说法。他进一步说：

《大司命》篇内有“乘清气、御阴阳”的句子，是以造化生物之神的描绘，岂只是一颗星呢？大司命应该是统司人之生死；而少司命则为职司人们子嗣的有无。因为他所职掌的人是婴孩及儿童，所以称少。大则是统摄的辞意。……大司命、少司命皆为楚俗之名而祭祀的。

按王夫之的说法较之王逸说更合情理。翻检诗篇，《大司命》有“纷总总兮九州，何寿夭兮在予”“高飞兮安翔，乘清气兮御阴阳”“壹阴兮壹阳，众莫知兮余所为”“固人命兮有当，孰离合兮可为”等描写，都是强调“大司命”之为主宰死亡之神。再看他出场时的排场，“广开兮天门，纷吾乘兮玄云”“令飘风兮先驱，使涑雨兮洒尘”，又说“乘龙兮辚辚”“导帝之兮九坑”，都不是小神的气势，死亡之神在神话中，是十分重要的。

反观《少司命》则有“夫人自有兮美子，荪何以兮愁苦”“竦长剑兮拥幼艾，荪独宜兮为民正”，所谓“美子”“幼艾”都是指子嗣；王夫之在“夫人自有兮美子”下注云：

比喻人之有佳美的子孙。晋人说“芝兰玉树，欲其生于庭砌”语本于此。言人皆有美子，就如芳草之生于庭，而翳我独无，荪何使我而愁苦呢？此述祈子者的心情。

至于少司命登场时的描写是“秋兰兮麋芜，罗生兮堂下，绿叶兮素华，芳菲菲兮袭予”，与大司命“广开兮天门，纷吾乘兮玄云”相比，显然气氛柔美平和，充满生命的喜悦，与大司命迥然不同。又说“秋兰兮青青，绿叶兮紫茎”，从“绿叶素华”到“绿叶紫茎”正是刻画出生命成长的青春与喜悦。所以他是主掌婴稚生命之神。两“司命”之神并祀，正是“死神”与“生神”的相互映衬。

“大司命”既为死神，则《大司命》在经过诗篇美化之前的造型，又是如何呢？则首见于《楚辞·招魂》中的幽都之守护神“土伯”。描述的样貌是：

土伯有九条尾巴，它的角尖锐无比。敦厚的胸肤，血淋淋的拇指，追逐生人却快得很。三只眼睛，老虎的头，身体壮得像牛。它们把人都当甜食。

王逸注:“幽都，地下后土所治理。地下幽冥，所以称幽都。土伯，后土的侯伯。”刻画的形貌是十分狰狞可怕的。参酌《楚辞·远游》篇王逸和洪兴祖的注，不难发现幽都在北方，寒门是幽都的北极之门，清源是北方八风的藏府，颛顼是北方的帝王，也即黑帝，此处的神叫玄冥。而“玄冥”的形貌，郭璞注《山海经》，又说“玄冥”是水神。他也叫“禺强”，或也称“禺京”。禺强是“黑色的身体和黑色的手脚，乘着两条龙”，或如《山海经·大荒北经》，则又有不同的造型，他是“人的脸面，鸟的身体，耳朵上挂着两条青蛇，脚上践踏着两条赤蛇(《海外北经》作青蛇)”，而《大荒东经》中又说“禺京”居住在北海，也是“海神”。

《山海经》中的“禺强”多为“人面鸟身”，或“黑身手足，乘两龙”；而所珥所践之蛇，色彩有青、黄、赤之不同。是则玄冥、禺强、禺京同为一神。若以职司观之，或为幽都之守护神，或为水神，或为海神。一神多种职司，在神话中也极为常见。

至于“少司命”，若以生神观之，其造型，首见于《楚辞·远游》“撰余辔而正策兮，吾将过乎句芒”之“句芒”。王逸以为东方之少阳神。按《山海经·海外东经》说:“东方句芒，鸟身人面，乘两龙。”郭璞注:“木神也；方面素服。”“东方”和五行中的“木”，在古代都代表“春”的季节，“春”是充满生命气息和青春活力的。在《墨子·明鬼上》篇中提到“句芒”和“年寿”以及“子孙的繁昌”已有了明显的挂钩。文字中明白地叙述说：

往昔郑穆公，在白昼时处于庙，看见有神入门而左走，鸟的身体，深彩素色的衣服，面貌正方。郑穆公见了，恐惧不已，奔逃。神说："不要惧怕！上帝已明白你的德行，让我赐给你十九年寿命，使你的国家蕃昌，你的子孙繁茂，不要错失这机会。"郑穆公再拜稽首说："请问神的大名？"神说："我是句芒。"

则"句芒"神形貌为"鸟身，深彩素服，面貌正方"。他既能赐郑穆公年寿十九，则他的职司正是生神，也即"少司命"。

我们更不难从两篇歌辞中看出两位神祇在描写上的差异。《大司命》的歌辞是：

广开兮天门，纷吾[1]乘兮玄云。
令飘风兮先驱，使涷雨兮洒尘。
君回翔兮以下，踰空桑[2]兮从女。
纷总总兮九州，何寿夭兮在予！
高飞兮安翔，乘清气兮御阴阳。

1　吾：大司命自称。
2　空桑：山名。

吾[1]与君兮斋速[2]，导帝之兮九坑[3]。
灵衣兮被被，玉佩兮陆离。
壹阴兮壹阳，众莫知兮余[4]所为。
折疏麻[5]兮瑶华，将以遗兮离居。
老冉冉兮既极，不寖近兮愈疏。
乘龙兮辚辚，高驼兮冲天。
结桂枝兮延伫，羌愈思兮愁人。
愁人兮奈何，愿若今兮无亏。
固人命兮有当，孰离合兮可为？

我们也试图重现《大司命》祭祀时的场景：祭神女巫与扮神男巫对唱合舞。助祭的男女群巫，穿梭在祭坛之上，营造出彩色缤纷的背景。扮神巫的表情，始终高傲又冷酷。祭神女巫的表情，先是喜悦、仰慕，继而失落、悲戚。

（扮神巫唱）敞开了天国的大门，我腾驾着纷盛的玄云。
令飘风先行开道，使暴雨清洗尘土。
（祭巫唱）您回翔而下，我逾越空桑跟从。
（扮神巫唱）纷纭博大的九州，何以寿夭竟由我操纵！

1　吾：祭巫自称。
2　斋：一作“齐”。齐速：齐头并进。
3　九坑：谓九虚，即九天。
4　余：大司命自称。
5　疏麻：神麻。

（扮神巫唱）高飞而安翔，我乘驾着清气，掌控着阴阳。

（祭巫唱）但愿我能和您共赴，进入到天帝的九坑。

（扮神巫唱）你看！神灵的衣衫长垂得漂亮，玉佩更耀眼灿烂。

壹阴与壹阳，谁知道竟操纵在我的手上！

（大司命飘然远去。……）

（祭巫唱）折下疏麻上的琼玉之花，将送给远方的伴侣。

生命的岁月已渐趋终极，不亲近反而愈疏。

您的龙驾在辚辚声中远去，我结系着桂枝远望。

忧愁又能奈何！但愿如明月无亏！

固然命运已有定数，谁又能改变它的悲欢离合！

而《少司命》的歌辞则是：

秋兰兮麋芜，罗生兮堂下。
绿叶兮素华，芳菲菲兮袭予。
夫人自有兮美子，荪[1]何以兮愁苦！
秋兰兮青青，绿叶兮紫茎。
满堂兮美人，忽独与余兮目成。
入不言兮出不辞，乘回风兮载云旗。
悲莫悲兮生别离，乐莫乐兮新相知。
荷衣兮蕙带，倏而来兮忽而逝。

1　荪：第二人称代词。您，此为祭巫指称少司命。

夕宿兮帝郊，君谁须兮云之际？
与女游兮九河[1]，冲风至兮水扬波[2]。
与女沐兮咸池[3]，晞女发兮阳之阿。
望美人[4]兮未来，临风怳兮浩歌。
孔盖兮翠旍，登九天兮抚彗星。
竦长剑兮拥幼艾，荪独宜兮为民正。

我们也试图重现《少司命》祭祀时的场景：扮神男巫登场，与祭神女巫共舞；只有祭巫独唱。祭坛上处处香草，百花怒放。祭巫的表情中流露出童稚天真活泼的欣喜，当扮神男巫退场后，她虽然有些失落，但随即转为坚强严肃。

（祭巫唱）秋兰和靡芜，罗列丛生在堂下，
嫩绿的叶子，素淡的枝丫，飘来阵阵扑鼻的清香。
凡人都有美好的子嗣，神啊！为何为此愁苦？
秋兰已菁菁茂密，绿叶下已长成紫茎。
满堂都是美人，您却独对我垂青。
（少司命只停留片刻，已悄然远去 ……）
您来时静默，去时无言，就像乘着回风一如飘摇的云旗。

1　九河：黄河入海，河道分流。
2　洪兴祖注：古本此二句，为《河伯》文，错简。“语译”中删之。
3　咸池：天池。
4　美人：指少司命。

悲莫悲兮生别离；乐莫乐兮新相知。

闪过荷衣蕙带的身影，倏然来了又忽而离去。

傍晚，您急着回到帝郊，真有这么重要的约会？

原想能和您共沐咸池，烘干秀发在太阳的曲隅。

却没见到您的踪迹，我只好临风浩歌。

孔雀羽饰的车盖、翡翠翎毛的旗帜，登上九天的职责是安抚彗星。

高举长剑，保护童稚，您正是生灵的主宰。

（五）东君

“东君”之为日神，历代注家皆无异说。诗篇起句：“暾[1]将出兮东方，照吾槛兮扶桑。抚余马兮安驱，夜皎皎兮既明。”明显地是描写日出的景象。又：“青云衣兮白霓裳。”王逸注：“青为木色，东方属木；白色为金，西方属金。日出东方而入西方，故用方色以为饰也。”《广雅》卷九说：“朱明曜灵，东君日也。”《史记·封禅书》及《汉书·郊祀志》均有东君之祀。

在《东君》诗篇中，对音乐及舞蹈的描写，用了相当多的篇幅，这是其他篇章中所少见的。加之，篇末有：“青云衣兮白霓裳，举长矢兮射天狼。操余弧兮反沦降，援北斗兮酌桂浆。”日神举长矢以射天狼的一段情节。按“天狼”即“天狼

1　暾：盛大貌。

星”，也即“彗星”。古代民俗中，至今依然流传，日蚀（日食）是“天狼（天狗）食日”，民众为了拯救太阳，必须敲锣打鼓，发出巨大的声响以驱赶天狼（天狗）。显然，日蚀是自古以来很受重视的天文奇景。更以之象征帝王的政绩。如《伪古文尚书·胤征》孔安国《传》说：“凡日食，天子击鼓于社，责使上公以及主乐之官瞽史进奏鼓器，并击之。使主祭物之官啬夫，急取祭物，礼敬天神。使众人趋走，以准备救日食所需的各种杂役。”可见“日蚀”的天象是一种象征人事的重要预兆。又《左传·昭公十七年》记载，昭子、平子和大史还为“日蚀”的礼制发生过论辩。

昭子说：“日有食之，天子不举火煮食盛馔，击鼓于社，诸侯用祭物于社，击鼓于朝，此为礼制。”而平子则阻止，说：“停了吧！只有正月初一，阴气尚未萌作，发生日食，于是乎有击鼓、用祭物的礼节，其余则没有。”大史说：“在此月（正月），过春分而未到夏至，三辰（日、月、星）有灾，于是乎百官素服，君不举火盛馔，趋避超过一个时辰，乐官奏鼓，祝史用祭物，史官用文辞自责。”

昭子、平子及大史之间，虽有歧见。但“日有食之，天子不举，伐鼓于社”应是礼有明制。杜预注：“天子不举盛馔。”则天子似有罪己之意。日蚀既受朝廷与民间如此之重视。在楚地沅湘之间很可能将此祭典予以美化，即今所见之《东君》的歌辞。所以诗篇中的情节，正是“天狼食日”的描述。

“东君”既为日神，当可先看《离骚》:“吾令羲和弭节兮，望崦嵫而勿迫。”王逸注:“羲和，日御。”则日神的驾驭车驾者当为“羲和”。而《山海经·大荒南经》却说:

东南海之外，甘水之间，有羲和之国，有一女子名叫羲和，正在甘渊为日沐浴。羲和者，帝俊之妻，生下十日。

《大荒南经》已经将羲和从日御提升为“生十日”之母神，故郭璞以为“盖天地始生，主日月者也”。《大荒南经》既说“羲和者，帝俊之妻”，而“俊”亦作“夋”，何新《诸神的起源》第一章四十页引长沙出土《楚帛书》说:“日月夋生”“帝俊乃为日月之行”。则帝俊也具有日神之性格。羲和之造型，无从考索。而“夋”字甲骨文则作鸟首人身。

我们不难从《东君》的歌辞中看出，“日蚀”的祭典在经过沅、湘民间的美化后所呈现出的巫音之美以及俗人对日神的礼敬。歌辞是:

暾将出兮东方，照吾槛兮扶桑。
抚余马兮安驱，夜皎皎兮既明。
驾龙辀兮乘雷，载云旗兮委蛇。
长太息兮将上，心低佪兮顾怀。
羌声色兮娱人，观者憺兮忘归。

絙瑟兮交鼓，箫钟[1]兮瑶簴，
鸣篪兮吹竽，思灵保兮贤姱。
翾[2]飞兮翠曾[3]，展诗兮会舞。
应律兮合节，灵之来兮蔽日。
青云衣兮白霓裳，举长矢兮射天狼。
操余弧兮反沦降，援北斗兮酌桂浆。
撰余辔兮高驼翔，杳冥冥兮以东行。

我们也试图重现《东君》祭祀时的场景：扮神男巫登场时，背景从黑暗中渐渐露出曙光。扮神男巫以雄伟嘹亮的歌声吟唱。陪祭巫扭动的舞姿，像天狼啃吃着太阳。一时激荡的乐声骤然爆发，陪祭的群巫交错狂舞。光线渐渐愈来愈亮……威武地再展歌喉欢唱。

（扮神巫唱）暾然和煦的太阳升起于东方，照亮了我家的门槛和扶桑。

抚持着鞍马缓缓驰驱，夜已皎皎然放出光芒。
驾着龙车乘着雷，插着的云旗随风飘扬。
叹息声中徐徐而上，我的心中低徊激荡。
（东君的身影在低沉的乐声中，盘旋飞舞……）
（祭巫唱）声色是如此娱人，观者更陶醉忘返。

1　箫钟，当作（敲）钟。
2　翾：小飞貌。
3　翠曾：当作卒蹭。仓促举起貌。

（陪祭巫和声）急张的瑟，轮击的鼓，撞击着钟，摇荡着簴，

鸣奏着篪，吹响着竽；这一切都是在思念您的贤姱。

翾然移动的舞步，促然跃起的舞姿，吟唱诗歌，群起共舞。

整齐的律动，齐一的节奏，来迎的群灵隐蔽了日光。

（扮神巫唱）青色的上衣，白色的下裳，举起长矢射杀天狼。

操持弧弓自天下降，援引北斗酌满桂浆。

操控着缰辔高驰翱翔，冥冥之中再往东方。

（六）河伯

河伯之为河神，历来无异说。《庄子·秋水》篇中就提到“河伯”：

秋天时水势应时而至，百川都汇聚黄河。水流之大，两岸渚崖之间不能分辨牛马。于是河伯欣然自喜，以为天下的美已尽为自己所有。就顺着水流往东而行，到了北海，向东面望去，不见水的边际。于是河伯才转过头来，望着海神若而感叹地说：“俗语说：‘听到百样大道，就以为没人比我强了。’这指的就是我。”

虽然这只是个以神话为题材的寓言故事，但也可窥见

“河伯”之为河神，战国时代的南方已习见。至于河神与楚国的接触，最早见于《左传·哀公六年》记载：

起初，（楚）昭王生病了，卜筮说：“是黄河为祟。”昭王却不肯祭河，大夫请昭王行郊祭礼。昭王说：“三代的祭祀规范，祭祀是不能超越国界的，江、汉、睢、漳各条水流，才是楚国的界域，祸福的降临，不至于是如此过分，不穀（我）虽然不够善美，但黄河不该是为祟的原因。”昭王遂作罢祭黄河。

楚昭王虽有疾，但他以为楚国的河川祭祀，当以江、汉、睢、漳为主。所以他不接受卜者的建议，去遥祭黄河。连孔子也赞美他的明智。于此可见“黄河为祟”，必须遥祭河伯之举，正证成了《九歌》之“河伯”乃黄河之神。

就《河伯》诗篇的情节观之，神、巫之间的情感描写缠绵缱绻，所以近人游国恩《读骚论微初集》一书中以为极类似于“河伯娶妇”的故事。按《史记·滑稽列传》中记载一段，魏文侯（公元前 466 年—前 396 年）时西门豹治邺，破除“河伯娶妇”的迷信政绩。其中描写祭祀的过程，可以与《河伯》的诗篇相参酌。故事是：

当河水泛滥时，巫巡视人家有好女子的，就说是该作为河伯的新妇，立即聘娶。将女子洗沐后，为她缝制新的绸缎衣服，平时还要斋戒；更为她在河上盖座斋宫，张挂红色帷幔，让女子居留其中。并为她准备牛肉、清酒和饭食，如此热闹了十几天，大家一起来粉饰装扮，就好像嫁女儿时的床席，让女子留在床席上，把它漂浮到河中。开始还能浮起来，漂流不到数十里就沉没河中。

文中的种种描写，与《河伯》中“与女游兮九河，冲风起兮横波。乘水车兮荷盖，驾两龙兮骖螭”，以及“与女游兮河之渚，流澌纷兮将来下。子交手兮东行，送美人兮南浦。波滔滔兮来迎，鱼鳞鳞兮媵予”的描写是极为类似的。然《河伯》对河神的造型并未描写。如果透过《山海经・海内北经》，约略窥见他的形貌是：

很远的地方（也叫忠极之渊），有个深渊，深三百仞（一仞八尺），是冰夷的常住之都。冰夷有人的脸面，乘驾两龙。

郭璞注：“冰夷，就是冯夷。”也就是河伯。在《楚辞・天问》提到河伯被羿射伤的神话：

上帝让夷羿降临人间，是让他去改变夏朝人民的苦痛。为什么后羿却去射伤那个河伯，而娶了雒嫔为妻？

王逸注：当时河伯化为一条白龙，在水旁游戏，后羿见了吓一跳，就用箭射他，射瞎了他的左眼。河伯向天帝告状，说：“为我杀死羿。”天帝说：“你是什么缘故被射的呢？”河伯说："当时我化为一条白龙出游呀！"天帝说："我让你深深地守护着神灵，后羿又如何能侵犯你呢？如今你变为虫兽，当然会被人所射，这是你应得的，羿又有什么罪呢？"此处的天帝倒是十分明理。然而从这段文字可知，河伯却又可幻化为"白龙"的造型。又《韩非子·内储说上》说：

有位齐人对齐王说："河伯是大神。王为何不尝试和他见面呢？臣子可以安排王跟他见面。"于是在大水之上搭建坛场而与王站立着等，不一会儿，有大鱼游动。于是说："这就是河伯。"

则河伯又可以"大鱼"的形貌出现。《史记·秦始皇本纪》中占梦博士的话，正好为此做说明。所谓"水神不可见，以大鱼、蛟龙为候（象征）"，及至假托东方朔所作的《神异经·西荒经》[1]也有一则河伯的神话。大意是说：

西海的水面上，有人骑着白马，朱红色鬃鬣，身上穿戴白色衣冠，跟从着十二个童子，奔驰在西海的水面上，像飞像风，名叫河伯使者。有时也上岸，马迹所到之处，水也到达该处。所到的国家，雨水滂沱，日暮时则回到河上。

此时的河伯形貌已然是人形之神。又《庄子·大宗师》陆

1　今本无，见《说郛》卷六六上引。

德明《释文》引司马彪大意说：

《清泠传》说："冯夷，华阴潼乡隄首人。服食八石，得成水中之仙，就是河伯。一说：冯夷在八月庚子日，沐浴于河中而溺死。一说：冯夷是渡河时溺死。"

则河伯已成为服石得道的神仙，或溺水而死，成为鬼魂的化身，演义愈趋多元。其实，这本来也就是神话在演变中的现象。当然《九歌》中的河伯当以"河伯娶妇"的描写最为贴切。在沅、湘流域的祭歌中，表现出人神之间既爱慕又敬畏的心理。试看《河伯》的歌辞：

与女游兮九河[1]，冲风起兮横波。
乘水车兮荷盖，驾两龙兮骖螭。
登昆仑兮四望，心飞扬兮浩荡。
日将暮兮怅忘归，惟极浦兮寤怀。
鱼鳞屋兮龙堂，紫贝阙兮朱宫。
灵何为兮水中，乘白鼋兮逐文鱼。
与女游兮河之渚，流澌纷兮将来下。
子[2]交手兮东行，送美人兮南浦。
波滔滔兮来迎，鱼鳞鳞兮媵[3]予。

1 九河：指黄河入海口，河道分为九条。
2 子：指河伯。
3 媵：送。

我们也试图重现《河伯》祭祀时的场景：扮神男巫登场，没有唱词，中场时，身影已从滔滔波声中渐行渐远。祭神女巫初出场时，表情喜悦、充满憧憬；及至河伯远去，离岸边的家人、亲友（陪祭群巫）愈来愈远时，表情转为惊恐、失落。

（祭巫唱）与您畅游在九曲黄河，逆风吹起了汹涌大浪。
乘着水造的车子，以荷为盖，驾着两龙，骖服的是幼螭。
登上河源昆仑骋目四望，内心飞扬浩荡。
红日西沉，我竟陶醉忘返，离岸边越来越远，才惊觉惆怅。
鳞饰的房屋、盘龙的厅堂，紫贝砌的门阙，珍珠嵌的寝宫，
灵啊！您为何住在水中？
（河伯的身影渐行渐远 ……）
乘着白鼋追逐着文鱼，原想和您遨游在黄河的洲渚，
解冰却纷纷冲泻而下。
您挥挥手往东而去，却送我到南浦。
波涛汹涌地迎面扑来，一阵阵鱼群像在迎娶。

（七）山鬼

“山鬼”是山神。鬼神二字，古籍中常连用。如《论语·雍也》说：“敬鬼神而远之。”《礼记·乐记》说：“出则为鬼神。”可见祈福或禳灾上，二者有相似的作用。又《论语·为政》：“非其鬼而祭之。”《集解》引郑玄注：“人神曰

鬼。”而《广雅·释天》也说：“物神谓之鬼。”

郭沫若[1]、闻一多、顾天成、孙作云等人的考证，都认为《山鬼》中的“采三秀兮于山间”之“于山”即巫山，山鬼即巫山神女。按此神话见于宋玉《高唐赋》，故事的梗概是：

从前楚襄王和宋玉游于云梦之台，远望高唐的楼观。在楼观之上只有云气弥漫，再往上忽然景观完全改变，须臾之间，变化无穷。襄王问宋玉说：“这是什么云气呀？”宋玉回答说：“这是所谓朝云之气。”襄王说：“什么叫朝云？”宋玉说：“从前，先王也尝游高唐，疲倦了就在白昼稍寝，梦见一位妇人说：‘妾是巫山的女子，专为接待来高唐的贵客。听说您来游高唐，妾愿意枕席陪宿。’王因而对她十分宠幸。她离去时说：‘妾住在巫山之阳（南），由于被高丘所阻挡，所以早晨化为朝云，傍晚化为暮雨，朝朝暮暮，常在阳台之下。’天亮后，果然如她所言。楚王遂为她立了一座庙，号称‘朝云’。”

故事虽然缠绵缱绻，离屈原之时代亦未远。但是否即“朝云庙”之祭祀，根本在《山鬼》歌辞中的“于”字是否必须解释成“巫”字。直到今天笔者还找不到假借字的例证，姑备此一说。

“山鬼”的造型，在歌辞中已经美化。他的原型，如《庄子》说：“山有夔。”《淮南》说：“山出枭阳。”洪兴祖《补注》

1　见郭著《甲骨文研究·释祖妣》。

以为楚人所祠，朱熹《集注》也说《国语》中的“木、石之怪，夔、罔两。或许就是此类”？二人都提出推测之词。然“夔”之形貌当为“云中君”，前已言之。而“罔两”或作“魍魉”。《玉篇》下鬼部：“魍魉，水神。如三岁小儿，赤黑色。”则“魍魉”是为水鬼，与“山鬼”有别。至于《淮南子·泛论篇》所谓之“枭阳”，高诱注：“是山精，人的形状，很长很大，脸面黑色，身上有毛，脚踵是反转的，见人就笑。”又《山海经·海内南经》说：“枭阳国在北朐之西。此处的人，是人的脸面，很长的手唇，黝黑的身体有毛，脚踵是反转的，见人笑也跟着笑，手上拿着管乐器。”严忌《哀时命》有：“使枭阳先导兮，白虎为之前后。”王逸注：“枭阳，山神名。即狒狒也。”其中“见人而笑”与《山鬼》之“既含睇兮又宜笑”确有类似之处。

又《山海经》中所述之山神甚多。唯有《中山经·中次三经》中的“武罗”神，与《山鬼》的描述最为相近。大意是：

又东方十里，有座青要之山，它是天帝的密都。往北望是河曲之地，这里多驾鸟（不解）……武罗在此主宰，他的形状是人的脸面而身上有豹文，小腰身而白牙齿，并且穿了耳洞戴了耳坠，他的叫声像敲着玉器。这座山，最适宜女子居住。……其中有种鸟，名叫鴢，它形状像凫，青色身躯而朱红眼睛赤色尾羽，吃了它易得子。有种草，形状像葌而方形的茎、黄花、赤果，树干像瑂木，名叫荀草，服食它，可以让女子美丽。

袁珂《山海经校注》以为：武罗，大概就是山鬼。“小要（腰）白齿”所以“窈窕”“宜笑”；“赤豹文狸”或即“人面豹文”的演化；“荀草服之美人色”，即“三秀”，也即使人驻颜不老的芝草之属；而山鬼所思之“灵修”，亦此所司密都之“帝”，均高级天神。

按“武罗神”极似《九歌》的山鬼，但山鬼是否女神？以笔者考之，《九歌》中凡以“君”指称神祇者，皆属男神。我们且看《山鬼》的歌辞：

若有人兮山之阿，被薜荔兮带女罗。
既含睇兮又宜笑，子慕予兮善窈窕。
乘赤豹兮从文狸，辛夷车兮结桂旗。
被石兰兮带杜衡，折芳馨兮遗所思。
余处幽篁兮终不见天，路险难兮独后来。
表独立兮山之上，云容容兮而在下。
杳冥冥兮羌昼晦，东风飘兮神灵雨。
留灵修[1]兮憺忘归，岁既晏兮孰华予。
采三秀[2]兮于山间，石磊磊兮葛蔓蔓。
怨公子[3]兮怅忘归，君思我兮不得闲。
山中人[4]兮芳杜若，饮石泉兮荫松柏。

1 灵修：指山鬼。
2 三秀：灵芝。
3 公子：指山鬼。
4 山中人：指山鬼。

君思我兮然疑作。雷填填兮雨冥冥，
猿啾啾兮又夜鸣。风飒飒兮木萧萧，
思公子兮徒离忧。

我们也试图重现《山鬼》祭祀时的场景：扮神男巫虽登场，却没有舞蹈。他表情高傲，象征尊神的形象。只是在中场时，唱了“余处幽篁兮终不见天，路险难兮独后来”两句，随即消逝。祭神女巫一人独唱。初出场时，表情喜乐中略带期盼；歌声轻快似沉湎于幻想之中。当“山鬼”消逝后，祭神女巫的歌声与表情都落入悲愁、哀怨。

（祭神女巫唱）若有人在深山的曲隅，披挂着薜荔，系着女萝。

既含情凝睇，又面带微笑，你一定是倾慕我而刻意窈窕。

乘着赤豹，随从是文狸，辛夷为车，结系着桂旗。

身披石兰，杜蘅为带，摘下鲜花想必送给你思慕的人！

（扮神男巫唱）我所住的幽篁终不见天，道路艰险，又怎么会与你相见！

（伴神男巫；山鬼随即消逝 ……）

（祭神女巫唱）我孤独地站在山上，滚滚的云雾浮动在山下。

天气恶劣得连白昼也显得昏暗，感动得老天刮起东风、骤雨。

苦等着神灵怅然忘归，时间既晚，谁又能花容常驻？

且采长生的灵芝在山间，横阻着磊磊的山石、丛丛的葛蔓。

怨恨你到畅然忘返，你可也想我吗？总是那句借口——不得闲！

山中之人美得像杜若，饮的是石泉，遮阴的是松柏。

你可也想我吗？我已怀疑你在做作。

雷声隆隆，淫雨绵绵，猿声啾啾，总在孤独的长夜。

风声飒飒，木叶萧萧，对你的思念，只是徒增愁忧。

（八）国殇

《国殇》一诗，是对国家阵亡将士的祭祀。“殇”是指战死在外（沙场）者，或无主之鬼。全篇在描写战阵的惨烈与将士的英勇杀敌，悲壮成仁。

苏雪林《国殇乃无头战神说》一文，以“首身离兮心不惩”及“身既死兮神以灵”的描写与“无头战神”正相吻合。按：所谓战神，当以蚩尤为主。清代马骕《绎史》卷五引《皇览》（当即《皇览·冢墓记》）大意说：

蚩尤的墓冢在东平郡寿张县阚乡城中，高七丈，百姓常于十月祭祀他，有赤气从墓中出，有如一匹绛红色布帛。百姓叫它为蚩尤旗。蚩尤的肩髀冢在山阳郡巨野县重聚。大小与阚冢相当。传言黄帝与蚩尤战于涿鹿之野，黄帝杀了蚩尤，所以身首异处，分别而埋葬。

则蚩尤之为战神而无头。蚩尤之形貌，又见于唐代徐坚等撰《初学记》“青丘别丹浦”下引《归藏·启筮》说，蚩尤是

“八个肱股、八个足趾、没有头”的造型。这种狰狞的形貌，让人见之却步。所以《龙鱼河图》[1] 中大为渲染说：

黄帝摄政时，有蚩尤兄弟八十一人，皆为野兽身躯说人语，铜头铁额，食沙石子。能造立兵仗、刀戟、大弩，威振天下。杀人又不走正道，不仁不慈，天下百姓盼望黄帝能替天行道，可是黄帝仁义，不能禁止蚩尤，于是不敌，仰天而叹。上天派遣魃女，下临授给黄帝兵信、神符，制伏了蚩尤，以至控制了八方。蚩尤殁后，天下又扰乱不宁，黄帝就画蚩尤形象，以威天下，天下咸谓蚩尤不死，八方万邦，皆为平伏。

则蚩尤的兄弟竟有八十一人，而每个形貌皆为“野兽身躯说人语，铜头铁额，食沙石子”，且能画其图像，威慑天下，以为蚩尤不死，其气势之恐怖可以想见。其为无头战神当之无愧。古代战争中杀虏枭首，所在多有。所以《山海经》中，还有“刑天”与“夏耕之尸”，亦可谓无头战神。如《海外西经》说：

刑天与黄帝争神权，黄帝砍断刑天的头，把他葬在常羊之山。刑天就以乳为目，以脐为口，操着干戚舞动。

又《淮南子·地形篇》有“刑残之尸”，也是“以两乳为

1 见《太平御览》卷七九引。

目，腹脐为口，操干戚以舞”，也即“刑天”。而《大荒西经》中所说的“有人无首，操戈盾立，名曰夏耕之尸”，郭璞注以为亦刑天尸之类。《国殇》的歌辞至为悲壮，也清晰地描写了战国时代步战与车战在短兵相接肉搏时惊天动地的场面。先欣赏它的歌辞：

操吴戈兮被犀甲，车错毂兮短兵接。
旌蔽日兮敌若云，矢交坠兮士争先。
凌余阵兮躐[1]余行，左骖殪兮右刃伤。
霾两轮兮縶四马，援玉枹兮击鸣鼓。
天时怼兮威灵怒，严杀尽兮弃原野。
出不入兮往不反，平原忽兮路超远。
带长剑兮挟秦弓，首身离兮心不惩。
诚既勇兮又以武，终刚强兮不可凌。
身既死兮神以灵，魂魄毅兮为鬼雄。

我们也试图重现《国殇》祭祀时的场景：祭神男巫主唱，众陪祭男、女巫齐声合唱。男高音之音量雄壮、洪亮。

（祭神男巫主唱）操持吴戈，披上犀甲，两轮交错，短兵相接。

旌旗蔽日，敌军如云，箭矢交坠，士卒争先。

1 躐：践踏。

凌越了我阵地，践踏了我行伍，左骖已死右骑刀伤。
车轮被埋，驷马牵绊，还不时高举玉槌击打战鼓。
苍天怨怼，威神震怒，壮烈牺牲的将士陈尸遍野。
从戎就没想回来，赴义又岂能返乡，沙场既辽阔又漫长。
带着长剑，挟着秦弓，纵然身首异处也不悔恨。
诚然英勇、神武，始终刚强而不可侵犯。
虽然捐躯死亡，您的魂魄永远是鬼中的英雄。

（九）礼魂

王逸说："礼，一作祀。或曰：礼魂，谓以礼善终者。"所以《礼魂》一篇是对祖先的祭祀。按祖先的祭祀当为家祭。参诸《楚辞·招魂》说："像设君室，静闲安些。""像"应为祖先的形貌，而死亡者的身份各有不同。所以能收入《九歌》成为沅、湘之间的民俗祭神曲的，除了他应该是民族的共祖之外，与地域或民俗该有必然的关系。据《礼记·祭法》大意说：

有虞氏禘祭黄帝而郊祀帝喾，以颛顼为祖而帝尧为宗。夏后氏亦禘祭黄帝而郊祀鲧，以颛顼为祖而以禹为宗。殷人禘祭帝喾而郊祀冥，以契为祖而以汤为宗。周人禘祭帝喾而郊祀后稷，以文王为祖而以武王为宗。

所以有虞氏和夏后氏之共祖皆为"颛顼"；殷人之祖为

“契”；周人之祖为“文王”。《史记·楚世家》说：“楚之先祖出自帝颛顼高阳。高阳者，黄帝之孙，昌意之子也。”又《楚辞·离骚》说：“帝高阳之苗裔兮，朕皇考曰伯庸。”王逸注：“高阳，颛顼有天下之号也。”所以楚国的氏族共祖，应为颛顼。

帝颛顼之造型，或可于《山海经·大荒西经》中得之。大意说：

有鱼一半是枯的，名叫鱼妇。颛顼死后即复苏。风从北方而来，天下起大雨聚集成水泉。蛇也化为鱼，是为鱼妇。颛顼死即复苏。

袁珂《山海经校注》以为：鱼妇当即颛顼之所化。其所以称为“鱼妇”，或以其因风起泉涌，蛇化为鱼的缘故，颛顼得鱼与之合体而复苏，半体仍为人躯，半体已化为鱼，故称“鱼妇”。它又引“后稷死复苏”，也是“半鱼在其间”的意思，此正可作为古代本已有此类奇闻异说，流播于民间的证明。则“颛顼”经过一次死劫后，与鱼合体，成为半人半鱼的形貌。但是《礼魂》仅五句（其中脱一句），却已明白地揭示，古代的祭祖之礼，分春、秋二祀。而仪式当然就只能以“传芭”“代舞”等一般性的描写而已。歌辞是：

成[1]礼兮会鼓，
传芭[2]兮代舞，
○○兮○○[3]，
姱女倡兮容与。
春兰兮秋菊，
长无绝兮终古。

我们也试图重现《礼魂》祭祀时的场景：祭神男巫主唱，众陪祭男、女巫齐声合唱。歌声庄严而肃穆。

（众祭巫齐唱）盛大的典礼，交错的擂鼓。
传递着芭蕉，轮番地跳舞。
（奉祀的祖先，飨宴绵长，）
美女的歌声从容舒缓。
春祭用兰，秋祀用菊，
祭祀永远不绝，直到终古。

1　成：盛也。
2　传芭：楚俗祭魂的礼俗。
3　此恐脱一句，姑补之。

肆

自传式的告白——《离骚》

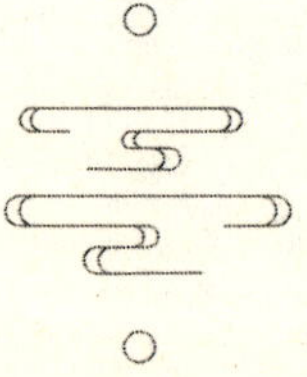

一、为何篇名称“离骚”

如果“自传”必须以押韵的诗歌撰述的话，《离骚》必然是一篇典范，它以二千四百九十字（用俞樾引陈深的统计）写出了屈原血泪凝聚的生命告白。它有宗族的谱系、生辰的时日、内在的禀赋之美以及外在的长才远能；有屡遭谗嫉，志不得伸时，苦闷灵魂的追求与幻灭，也有登山涉水、上天下地，怀芳抱洁，而誓不与浊世妥协的决心。它的文笔极尽浪漫之能事，辞藻之美、幻想之丰、音韵之铿锵，与怀乡去国之情、生死离别之痛，如波涛汹涌，令人目不暇给。

这么一篇千古奇文，何以称“离骚”呢？原来“离骚”有广、狭二义。《汉书·艺文志》所称“屈原赋二十五篇”中，以《离骚》最为重要。所以后人往往以“骚”统称《楚辞》全书。如刘勰有《文心雕龙·辨骚》篇，《昭明文选》特标“骚”体。实际上引用的材料都是泛指《楚辞》。

而狭义的“离骚”一词，指的是单篇《离骚》；载籍中，最早为此二字诠释的是司马迁《史记·屈贾列传》说：“离骚者，犹离忧也。”“骚”解为“忧”，在音韵上是说得通的。在古韵上“骚”属“宵”部；“忧”属“忧”部，二部邻近旁转。不过，司马迁之所以未解释“离”字，是因为“离”在当时应为普遍之熟解，而《九歌·山鬼》中“思公子兮徒离忧”，也有“离忧”二字连用的例子，是一样的意思。

逮及东汉，“离”字的常用解释，大致有二：一解为“遭”。如应劭《史记·屈贾列传》注：“离，遭也；骚，忧也。”班固《离骚赞序》也说：“离犹遭也；骚，忧也，明己遭遇作词也。”只是补强“明己遭遇作词”的创作动机。承续此种说法的又如唐代颜师古《汉书·贾谊传》注：“离遭也，忧动曰骚，遭忧作词也。”另一解则为“别”。如王逸《楚辞章句·离骚序》说：“离，别也；骚，愁也。”所以“离骚”就是因离别而忧愁之意。离别当然是指屈原的两次被放逐，一在江南，一在汉北而言。

汉、唐人的说法，并无瑕疵，对了解诗篇内容上的帮助也很大。所以总结“离骚”的意义就是：屈原遭遇到放逐后，满怀忧愁，因而创作了诗篇《离骚》。但后世总会有人标新立异，衍生出一些不同的诠释，对了解《离骚》并无多大意义，在此就一并不提了。

二、《离骚》的写作时间

作品之写作时间的确定，将有助于对作者创作动机与作品内容的了解。但是汉代读《楚辞》最具权威的司马迁、刘向和王逸三者之解说，亦各自有矛盾之处。司马迁于《史记·屈原列传》大意说：

怀王使屈原草创宪令，屈平（原）连草稿都还没拟定。上官大夫见了，就想抢去看，屈平当然不给，于是就谗害屈原说："王使屈平起草宪令，无人不知，每一令出，屈平就自夸功劳说：'非我莫属！'"王怒而疏远了屈平。屈平十分忧虑，怀王听得不够清楚，谗谄的人又会掩蔽真相，邪曲的人更会戕害公理，方正的人就不容于世了，所以忧愁幽思，写作了《离骚》。

则《离骚》之作，当在屈原被楚怀王疏远之后。但是他在《太史公自序》中则说："屈原放逐，著《离骚》。"在《报任安书》[1]中也说："屈原放逐，乃赋离骚。"然则疏远和被逐，在时间上是有矛盾的。又刘向《新序·节士》篇说：

屈原，名平，楚的同姓大夫。有博通的知识，清高的品行，怀王就重用他。秦想要吞灭诸侯，兼并天下。屈原为楚国出使到东方的齐国，以与强国结盟。秦国忧心，就派张仪到楚，贿赂楚国的贵臣上官大夫和靳尚之属，层次更上及令尹子兰、司马子椒；在后宫也贿赂了夫人郑袖，共同谮毁屈原，屈原于是被放逐于外，就写作了《离骚》。

明言，屈原《离骚》之作，在怀王十六年张仪使楚之后，被放逐而作。但他在仿效《离骚》的自作《九叹·思古》篇中却说："违郢都之旧闾兮，回沅湘而远迁……兴离骚之微文兮，冀灵修之壹悟。"文中既说他离开郢都，经沅、湘而远迁，又说所以创作《离骚》，是希望"灵修的悔悟"。"灵修"是怀王已死后的称谓，然则《离骚》应当是作于顷襄王之时，屈原再放江南以后，也何其矛盾。再如王逸《楚辞章句·离骚序》大意说：

《离骚》经，是屈原之所作。……同列大夫上官、靳尚，妒忌屈原的才能，共同在楚王面前谮毁他，于是疏远屈原。屈原执履忠贞而被谗邪所害，忧心烦乱，不知所诉，于是写作

1 见《汉书·司马迁传》。

《离骚》。

则《离骚》作于屈原被楚怀王疏远之时，但王逸在《离骚》“世溷浊而嫉贤兮，好蔽美而称恶”句下的注文中，却又说：“溷浊者，怀、襄二世。”既明言“怀、襄二世”，就必须是写作在顷襄王之时，所以王逸的说法也有问题。三人之说法皆各自矛盾。于是《离骚》之作于何时？必当证之他途。于是笔者提出了自己的看法：

（一）屈原《九章》的作品，已大致可以考证出各篇之创作时间及先后次序（参见本书第五章《九章》中之考证）。而“彭咸”一词，《抽思》一见（指彭咸以为仪）；《思美人》一见（思彭咸之故也）；《悲回风》三见（夫何彭咸之造思兮、照彭咸之所闻、托彭咸之所居）。凡此三篇，皆屈原晚年，约顷襄王时期，二次放逐在江南后所作，而《离骚》亦有“愿依彭咸之遗则”“吾将从彭咸之所居”。两相比较，情感与语气皆相似。按“彭咸”者，王逸注：“殷朝的贤大夫，谏其君不听，自投水而死。”屈原之萌死志，当在晚年。则引述“彭咸”的作品，也都是晚年时所作。

（二）就“楚辞体”之成熟过程观之，《九歌》《天问》与《九章》中的《橘颂》为早期作品；《九章》中部分“乱曰”仍接近“《诗经》体”（四字句），而《离骚》当为最成熟的文体。自然也应该作于屈原晚年。

（三）就《离骚》的用语审视，诗篇中对指称“君王”，用了两种不同的词汇。先是“怨灵修之浩荡兮，终不察夫民心”。王逸注：“灵修谓怀王也。”而“灵”之一词，在《九歌》中皆指称“神灵”，可知创作《离骚》时怀王已死，故可称“灵修”。其时，顷襄王犹在世，故《离骚》说：“闺中既以邃远兮，哲王又不寤。”“哲王”正是对今上顷襄王的期待，而“又”字也正暗示二者之不同。文中既已提到顷襄王，当然是屈原晚年所作。

（四）就《离骚》呈现的作者情感观之，诗篇中处处流露出“时不我与”“迫不及待”的时间压力。故《离骚》中既说“汩余若将不及兮，恐年岁之不吾与”，又说“日月忽其不淹兮，春与秋其代序。惟草木之零落兮，恐美人之迟暮”，再说“老冉冉其将至兮，恐修名之不立”等，也都暗示着《离骚》是屈原晚年的作品。

三、《离骚》的结构与文辞之美

《离骚》的段落和结构，不同于一般的散文，它不仅要注意到段落意义的完整，还要顾虑到押韵的体例。在这双重的考量下，我把它分成十一段。

（一）第一段歌辞

帝高阳[1]之苗裔兮，朕皇考曰伯庸。
摄提贞于孟陬兮，惟庚寅吾以降。
皇览揆余初度兮，肇锡余以嘉名。
名余曰正则兮，字余曰灵均。
纷吾既有此内美兮，又重之以修能。
扈江离与辟芷兮，纫秋兰以为佩。
汩余若将不及兮，恐年岁之不吾与。

1　高阳：颛顼有天下的号。

朝搴阰之木兰兮，夕揽洲之宿莽。
日月忽其不淹兮，春与秋其代序。
惟草木之零落兮，恐美人之迟暮。
不[1]抚壮而弃秽兮，何不改乎此度？
乘骐骥以驰骋兮，来吾道夫先路。

首段自述先世与降生时辰以及禀赋和修养之美，并愿当盛壮之年有所建树。诗中“摄提贞于孟陬兮，惟庚寅吾以降”二句，是现存唯一考证屈原生辰的资料。“摄提”或称“摄提格”，是指“太岁在寅”，也就是寅年（王逸说）。又说“摄提贞于孟陬”，意谓斗柄正指初始的方位，就又是正（寅）月（朱熹说），而“庚寅”是日。所以屈原是生在寅年、寅月、寅日。后人就以此推算屈原的生辰。又诗中“正则”隐括“平”；“灵均”意谓“原”（王夫之说），所以正暗示《离骚》为屈原自述。

欣赏此段文辞，有两个重要关键：一是屈原开始引用香草以象征自己禀赋之美盛；二是屈原在作品中流露出强烈的时间压力。可以看出屈原创作《离骚》时，内心的矛盾和挣扎；他既对自己的能力感到自负，却又对急速消逝的岁月感到彷徨无助。

把古文译成白话的诗歌后，读者将更可以掌握文采之美和感情的张力。

1 不：衍文。或无义。

我是高阳帝的后裔，先父的字号叫伯庸。

太岁在寅年的正月，庚寅日我诞生。

先父看着我不凡的器宇，就赐给我相应的美名。

替我取名叫正则；替我取字称灵均。

我既有纷盛的内在美，又有外在的才能。

就像披挂上江蓠、辟芷；又串缀着秋兰的佩饰。

匆匆然我已追赶不及，恐岁月之不我与。

清晨我急着攀折小阜上的木兰，傍晚采撷洲渚旁的宿莽。

日月倏忽不稍停滞，春与秋更迭代谢。

只怕草木会零落，唯恐美人会迟暮。

趁着壮盛时抛弃污秽，何不改变人生态度？

乘着骐骥驰骋，来吧！我带你走向先贤的道路。

（二）第二段歌辞

昔三后之纯粹兮，固众芳之所在。

杂申椒与菌桂兮，岂维纫夫蕙茝？

彼尧舜之耿介兮，既遵道而得路。

何桀纣之昌披[1]兮，夫唯捷径以窘步[2]。

惟党人之偷乐兮，路幽昧以险隘。

1　昌披：穿衣不系带子。自恣之意。

2　窘步：步伐窘迫。

岂余身之惮殃兮，恐皇舆[1]之败绩。
忽奔走以先后兮，及前王之踵武。
荃不察余之忠情兮，反信谗而齌怒。
余固知謇謇[2]之为患兮，忍而不能舍也。
曰黄昏以为期兮，羌中道而改路[3]。
指九天以为正兮，夫唯灵修之故也。
初既与余成言兮，后悔遁而有他。
余既不难离别兮，伤灵修之数化。

此段旨在叙述屈原旷观往古君王盛衰得失之缘由，唯在于是否能得道慎行，借以凸显今日楚国党人之误国。文末则揭露己之忠贞又不为灵修（怀王）所用，都在于怀王的言而无信，一夕数化。歌辞中则以香草比喻贤臣，而国家的前途，则以道路作比喻。尧舜能“遵道得路”，桀纣则“捷径窘步”，衬托出怀王的反复无常，正是“中道而改路”。同样地，笔者再把这段歌辞译为白话诗，让读者更可以从朗读中领悟出屈原爱国之赤忱和怀王反复无常的性格缺陷。

从前禹、汤、文王有纯净的美德，固然就群芳毕集。
兼杂了申椒和菌桂，岂止是串接着蕙草和香茝！
那尧舜秉政光明正大，既遵循正道且走正路。

1　皇舆：君王的车驾。
2　謇謇：忠贞貌。
3　此二句为错简，依洪兴祖《补注》删。

桀纣却恣意猖狂，只能在邪曲的小径上窘步。
结党营私的小人，却使楚国的宦途幽昧又险隘。
岂是我本身怕被连累！担心的是皇舆也会翻覆。
匆忙地奔走在前前后后，只希望能追上前王的脚步。
您不了解我的忠情，反倒听信了谗言而发怒。
我早知道忠贞会招惹祸患，可是忍也忍不住。
直指苍天以为证人，一切是为了您的缘故。
当初您已经和我约定，后来却反悔而有了他心。
我不会为离别而犹豫，只为您的三心二意而痛苦。

（三）第三段歌辞

余既滋兰之九畹[1]兮，又树蕙之百亩。
畦留夷与揭车兮，杂杜衡与芳芷。
冀枝叶之峻茂兮，愿竢时乎吾将刈。
虽萎绝其亦何伤兮，哀众芳之芜秽。
众皆竞进以贪婪兮，凭不厌乎求索。
羌内恕己以量人兮，各兴心而嫉妒。
忽驰骛以追逐兮，非余心之所急。
老冉冉其将至兮，恐修名之不立。
朝饮木兰之坠露兮，夕餐秋菊之落英。

1　畹：二十亩。

苟余情其信姱以练要[1]兮，长顑颔[2]亦何伤？
揽木根[3]以结茝兮，贯薜荔之落蕊。
矫菌桂以纫蕙兮，索胡绳[4]之纚纚。
謇吾法夫前修兮，非时俗之所服。
虽不周于今之人兮，愿依彭咸之遗则。

此段屈原继续诉说自身追求禀赋之美，是希望等待时机而有所施展。不意却遭谗谄所嫉妒。虽为时已晚，仍坚持己志。本段的书写特色是，仍大量铺叙香草以为追求情感之真、心地之善与理想之美的象征。旧注往往以“美人、香草以喻君”，失之狭隘。屈原在此也提出了辨识“小人”的方法是“小人”的贪婪、猜忌，待己以宽，却苛责别人。最后屈原坚持己志，如果这样都还得不到众人的了解时，他宁愿遵循彭咸的以死明志。这是屈原在《离骚》中第一次提到彭咸。

再把歌辞译成白话诗，当你朗诵时，不知不觉中屈原的坚忍、决绝的身影，已融入你的脑海，不禁会为他的遭遇发出哀号、叹息。

我既孳养了九畹的兰花，又栽植了蕙草百亩。
分区种了留夷和揭车外，更夹杂了杜蘅与芳芷。

1 练要：精诚专一。
2 顑颔：食不饱貌。
3 木根：兰槐之根。
4 胡绳：香草名。

期待它们的枝叶峻茂，挑个时辰就好好地收割。

纵然我的香草枯萎又何妨！哀痛所有的芳草竟都腐烂。

大家都在竞取且贪婪，饱满了还不停求索。

宽恕自己，苛责他人，又怎能不疑心而嫉妒！

我匆匆地奔驰追逐，并非我急私好利。

只为了衰老已渐渐来临，恐怕美名来不及建立。

清晨饮着木兰的坠露，傍晚餐食秋菊的落英。

只要我的情感真诚又专一，长久地饥饿憔悴又何伤？

拿起木根结系上白芷，又贯穿薜荔花成串的落蕊。

举起菌桂以缝上蕙草，将胡绳编织得缅缅然长垂。

只因为我效法的是前贤，却不为时俗所接受。

纵使因此而不容于今人，我宁愿依循彭咸的遗训。

（四）第四段歌辞

长太息以掩涕兮，哀民[1]生之多艰。

余虽好修姱以鞿羁[2]兮，謇朝谇[3]而夕替[4]。

既替余以蕙纕兮，又申之以揽茝。

亦余心之所善兮，虽九死其犹未悔。

怨灵修之浩荡兮，终不察夫民心。

1　民与人通。

2　鞿羁：以马的缰络喻绳束，不放纵。

3　谇：责骂。

4　替：废弃。

众女嫉余之蛾眉兮，谣诼谓余以善淫。
固时俗之工巧兮，偭规矩而改错。
背绳墨以追曲兮，竞周容以为度。
忳郁邑余侘傺兮，吾独穷困乎此时也。
宁溘死以流亡兮，余不忍为此态也。
鸷鸟之不绅兮，自前世而固然。
何方圜之能周兮，夫孰异道而相安。
屈心而抑志兮，忍尤而攘[1]诟。
伏清白以死直兮，固前圣之所厚。

此段大意是屈原再次诉说自己屡遭斥责，竟是禀赋之美所招致，这是何等委屈。于是反复悲叹，想起怀王的荒唐无度；时俗的工于巧诈。几经强忍，还是决定以死明志。此段内容强烈刻画出屈原内心的矛盾与挣扎，两次提到死亡，末句“为保持清白、正直而死”的誓言，尤其感人肺腑。

再把此段诗歌译成白话，当读到第一句时，屈原热泪盈眶的面庞已映入眼帘，不能不令人流下一滴眼泪……

我长声叹息而掩抑涕泣，哀恸人生之多艰多难。
只因我爱好修洁又自知约束，却早晨挨骂晚上又遭到毁弃。
既谗毁我爱系香囊，更重斥我爱拿香芷。
这本来就是我心中所爱，纵九死也不能悔改。

1　攘：犹囊。含藏。

怨怀王太糊涂呀！始终不了解我的衷肠。
众女子都嫉妒我的美貌，用谣言诼伤我行为淫荡。
本来时俗就工于巧诈，只会违背规矩而改口。
既背弃绳墨而随意邪曲，竞相苟且周容以为常度。
忧愁、郁悒又失意，我必孤独地穷困在此时此地。
宁可一死或流亡，也不能仿效他们的态度。
鸷鸟一向是单飞的，自前世就如此。
方和圆怎么可能相合？异道殊途又怎能相安？
委屈己心、压抑情志；容忍指责，含藏诟耻。
保持着清白而赴死就义，本就是前代的圣人所嘉许。

（五）第五段歌辞

悔相道之不察兮，延伫乎吾将反。
回朕车以复路兮，及行迷之未远。
步余马于兰皋兮，驰椒丘且焉止息。
进不入以离尤兮，退将复修吾初服。
制芰荷以为衣兮，集芙蓉以为裳。
不吾知其亦已兮，苟余情其信芳。
高余冠之岌岌[1]兮，长余佩之陆离。
芳与泽其杂糅兮，唯昭质其犹未亏。
忽反顾以游目兮，将往观乎四荒。

1　岌岌：高貌。

佩缤纷其繁饰兮，芳菲菲其弥章。
民生各有所乐兮，余独好修以为常。
虽体解吾犹未变兮，岂余心之可惩。
女媭之婵媛兮，申申其詈予。
曰鲧婞直以亡身兮，终然殀乎羽之野。
汝何博謇而好修兮，纷独有此姱节。
赉菉葹[1]以盈室兮，判独离而不服。
众不可户说兮，孰云察余之中情。
世并举而好朋兮，夫何茕独而不予听。

此段大意是说，屈原己身在遭遇太多的挫折后，也想退而求自全，但这种退缩的举动，与好修美的初志和理想均不符合，于是仍然想坚持己见，终致引起姊姊女媭含泪的斥责。女媭指出屈原的被放逐，原因有二：一是屈原太耿直，二是屈原太完美。耿直易得罪小人，完美会遭人嫉妒。“女媭”在屈原的作品中，仅此一见。通观《离骚》中，屈原于内心煎熬挣扎之际，往往求助于人、巫或神。而女媭为第一人，可见女媭在屈原心中的分量极重，旧注以为屈原姊的说法是十分可信的。

当朗诵白话诗歌时，请先吸一口气，让情绪稳定。诗篇中有两位人物，姊弟情深。弟弟在万般无助的悔恨中，反复呻吟，自怨自艾。而慈母般心肠的姊姊，责斥中略显焦虑。

1 赉：堆积。菉、葹：皆恶草。

悔恨自己分辨道路的不够明察，长久的伫足后我本想回家。
回转我的车乘到旧路，趁着我迷途得不太遥远。
让我的马徐行在兰皋，驰骋到椒丘处暂且休息。
既然进不去反遭祸患，倒不如退而穿起旧时的衣服；
裁制芰荷以为上衣，集缀芙蓉以为下裳。
不了解我也就罢了，只要我的真情诚然芬芳。
高高的帽子依然巍巍岌岌；长长的佩饰仍旧光鲜陆离。
纵使芳香与汗泽杂糅在一起，我昭明的本质犹然未熄。
突然我醒悟回顾四望，将准备往观赏四方；
我的佩饰还是缤纷繁盛，芳香菲菲然益发弥彰，
人生本各有所乐，我独以好修美成了习惯。
纵使把我的身体肢解也不会改变，难道我还会自艾自怨?
女嬃得知后十分牵挂，一再地把我责骂。
说：鲧因为耿直而亡身，终然被殛死在羽山的郊野，
你为何博识忠贞又好修洁，独具纷然众盛的美节?
堆积得菉葹满房满室，只有你判然不肯服饰!
岂能挨家挨户地向众人诉说？谁又会明察我们的内情?
世人都已相互标榜且好结朋党，你怎么总是孤独而好话不听?

（六）第六段歌辞

依前圣以节中兮，喟凭心而历兹。
济沅湘以南征兮，就重华而敶词：

启九辩与九歌兮，夏康娱以自纵。
不顾难以图后兮，五子用失[1]乎家巷。
羿淫游以佚畋兮，又好射夫封狐。
固乱流其鲜终兮，浞又贪夫厥家。
浇身被服强圉兮，纵欲而不忍。
日康娱而自忘兮，厥首用夫颠陨。
夏桀之常违兮，乃遂焉而逢殃。
后辛之菹醢兮，殷宗用而不长。
汤禹俨而祗敬兮，周论道而莫差。
举贤而授能兮，循绳墨而不颇。
皇天无私阿兮，览民德焉错辅。
夫维圣哲以茂行兮，苟得用此下土。
瞻前而顾后兮，相观民之计极[2]。
夫孰非义而可用兮，孰非善而可服。
阽余身而危死兮，览余初其犹未悔。
不量凿而正枘兮，固前修以菹醢。
曾歔欷余郁邑兮，哀朕时之不当。
揽茹蕙以掩涕兮，沾余襟之浪浪。

此段是承续上一段，屈原向姊姊女媭倾诉后，表明自己要再陈词于重华之前，女媭是亲人，而重华（舜）是屈原心目中

1　失为衍文。
2　计极：计谋已尽。

的圣君。当然陈诉的内容也异。此段屈原求询的是：自己以中正之道处世，何以竟落得如此坎坷蹇困？陈词中历数得道君与失道君之成败，以明白表露自己宁死也不改变初志的决心。屈原继求助于姊姊女媭后，随即求询于重华（舜），可见重华在屈原以及南方楚文化上的重要性。

再读语译的诗歌时，必定更清楚了解，屈原在历数失道君的祸国时，内心是极为痛苦的，因为这种种症状——恣意放纵、淫逸畋猎、违背天理、残害忠良，好像都已显现在怀、襄二世的身上。最后，屈原又哭了，是号啕大哭……

依循前代圣贤的折中之道而行，却喟然愤闷满心而遭此逆境。

渡过了沅湘再往南行，向重华去陈诉衷情：

夏启从天上窃取了《九辩》和《九歌》，从此就安于娱戏而恣意放纵。

不再临安思危而谋及子孙，导致五个儿子起了内讧。

后羿淫逸于畋猎，又喜好射猎大狐。

当然淫乱之徒是少有善终，寒浞又贪图了他的室家。

浇天生强壮有力，却纵欲而不知节制；

日日安娱而忘却所处，他的人头因而落地。

夏桀时常违背天理，就因此遭逢到祸殃。

后辛将忠良腌成肉酱，殷朝的宗绪因而不长。

汤禹严肃又祗敬，周朝论述正道而不偏差，

举拔贤才且授政能人，一切遵循绳墨而不偏颇。

皇天绝无私心，谁有德于民就替他安置佐辅。

只有茂行的圣哲，才能统御人间乐土。

瞻前又顾后，我把万民的心思看得清清楚楚。

哪有非义而反被重用！岂有非善而反蒙照顾！

就将我安置在危死的边缘，省视我的初志也永不后悔。

不度量圆槽就要安插方枘，当然前贤被剁成菹醢。

我一次又一次地唏嘘、郁悒，只怪我的生辰不当。

拿起柔软的蕙草以掩住涕泣，滚滚的泪水已沾湿了我的衣裳。

（七）第七段歌辞

跪敷衽以陈辞兮，耿吾既得此中正；

驷玉虬以乘鹥兮，溘[1]埃风余上征。

朝发轫于苍梧[2]兮，夕余至乎县圃[3]；

欲少留此灵琐[4]兮，日忽忽其将暮。

吾令羲和[5]弭节兮，望崦嵫[6]而勿迫。

路漫漫其修远兮，吾将上下而求索。

1 溘：忽然。

2 苍梧：舜所葬之地。

3 县圃：亦作玄圃。昆仑山之最上层。

4 灵琐：神灵所聚之地。

5 羲和：日御。

6 崦嵫：日所入山。

饮余马于咸池[1]兮，总余辔乎扶桑[2]。
折若木以拂日兮，聊逍遥以相羊。
前望舒[3]使先驱兮，后飞廉[4]使奔属。
鸾皇为余先戒兮，雷师告余以未具。
吾令凤鸟飞腾兮，继之以日夜。
飘风屯其相离兮，帅云霓而来御。
纷总总其离合兮，斑陆离其上下。
吾令帝阍[5]开关兮，倚阊阖[6]而望予。
时暧暧其将罢兮，结幽兰而延伫。
世溷浊而不分兮，好蔽美而嫉妒。

此段大意是说，屈原向重华陈词毕，人世间既不能为他释疑，于是他只好再往天上，将诉之于天帝。于是展开了屈原对天界的丰富想象力，建构出完整的天庭神话。屈原自知生命的油灯即将熄灭，却竟为帝阍摒弃门外，始悟天上如此，而人间污浊也不足为异。此段所叙述的神话世界，其实都是象征屈原憧憬的未来美好理想世界。整篇《离骚》，屈原运用了三种不同的时间架构，过去是历史，现在是污浊的楚国政治，而未来则是神话。此段明显地流露出，屈原在时间的压迫感与理想破

1 咸池：日浴处。
2 扶桑：日所拂木。
3 望舒：月御。
4 飞廉：风伯。
5 帝阍：天帝之主门者。
6 阊阖：天门。

灭下所承受的煎熬与痛苦。

如果从转译的白话诗歌中欣赏，屈原笔下彩绘的神话世界是如此神秘绚丽。谁知道竟被仗势欺人的帝阍在刹那间摧毁、破碎。

我跪下，摊开衣襟而开始陈诉：坦荡于心，我确已秉持中正。

我驾着玉虬，乘着凤凰，忽然，尘土轻扬，我随风徐徐上征。

早晨从苍梧出发启程，傍晚我已经来到县圃。

正想稍留此神灵聚处，太阳却已渐渐入暮。

我令羲和放慢了脚步，看见了崦嵫也不要停泊。

道路虽然漫长遥远，我将上上下下地求索。

且让我的马饮水在咸池，结系缰辔于扶桑。

折下若木以拂拭白日，会有更多的时间逍遥相羊。

前方请望舒先驱，后方让飞廉奔属。

鸾皇为我前导戒备，雷师却说准备未妥。

我令凤鸟飞腾，夜以继日。

飘风忽聚忽离，率云霓前来迎接。

纷乱众盛的忽离忽合，斑驳陆离的忽上忽下。

我叫帝阍打开天门，他却斜倚着阊阖望余。

日色已快昏暗到漆黑，我结系着幽兰等待。

世间是如此溷浊不分，总爱掩蔽别人的长处而嫉妒。

（八）第八段歌辞

朝吾将济于白水[1]兮，登阆风[2]而绁马。
忽反顾以流涕兮，哀高丘之无女。
溘吾游此春宫[3]兮，折琼枝以继佩。
及荣华之未落兮，相下女之可诒。
吾令丰隆[4]椉云兮，求宓妃[5]之所在。
解佩纕以结言兮，吾令蹇修[6]以为理。
纷总总其离合兮，忽纬繣其难迁。
夕归次于穷石[7]兮，朝濯发乎洧盘[8]。
保厥美以骄傲兮，日康娱以淫游。
虽信美而无礼兮，来违弃而改求。
览相观于四极兮，周流乎天余乃下。
望瑶台之偃蹇兮，见有娀之佚女。
吾令鸩为媒兮，鸩告余以不好。
雄鸠之鸣逝兮，余犹恶其佻巧。
心犹豫而狐疑兮，欲自适而不可。

---

1 白水：出昆仑之山。
2 阆风：山名。在昆仑之上。
3 春宫：东方青帝之舍。
4 丰隆：云师。
5 宓妃：即虙妃。伏羲氏女，溺洛水为河神。
6 修：伏羲之臣，口吃，故曰蹇修。
7 穷石：弱水之所出。
8 洧盘：水名。

凤皇既受诒兮，恐高辛[1]之先我。

欲远集而无所止兮，聊浮游以逍遥。

及少康[2]之未家兮，留有虞之二姚。

理弱而媒拙兮，恐导言之不固。

世溷浊而嫉贤兮，好蔽美而称恶。

闺中既以邃远兮，哲王又不寤。

怀朕情而不发兮，余焉能忍与此终古。

此段大意是说屈原自己既然在高丘之地，无从觅得女伴，转念求人间的贤女，但理弱媒拙，加之世间又溷浊嫉贤，哲王（顷襄王）之不寤也如此，实无以强忍内心的悲戚。文中“求女”是屈原追寻相同政治理想同志的隐喻。所追求者虙妃、有娀之佚女、有虞之二姚，对屈原而言，她们都是历史人物，而且也早已情有所钟，罗敷有夫。这也暗喻屈原求同志之必无所成。在语译的歌词中，可以明显体会到，开场时屈原的心情是沉重的，而结尾时还多了一层哀怨。

清晨我就要渡过白水，登上阆风而系住鞍马。

忽然反顾而不禁流下涕泪，哀痛这高丘上也没有贤女。

一时我游荡到了春宫，折下琼枝以系上玉佩。

趁着花的色泽还未退落，看上个远处可送的女郎。

1　高辛：帝喾有天下之号。

2　少康：夏后相之子。

我令丰隆乘驾着彩云，寻求虙妃的所在。
解下佩纕结系上甜言蜜语，却找了口吃的修来做媒理。
她的情绪纷扰多变，忽然乖戾而不肯迁就。
傍晚她歇息在穷石，清晨她洗发在洧盘。
她自恃美丽而骄傲，终日沉湎于欢娱与游荡。
她虽然貌美却十分无理，走吧！抛弃她再去别求。
遍览环视了四面八方，周游了天上然后下降。
远望偃蹇的瑶台之上，住着有娀国的美女。
我叫鸩鸟去做媒，鸩鸟却推诿说不妥。
雄鸠鸣叫着远逝，又觉得它太轻佻。
内心犹豫又狐疑，想亲自去又碍于礼仪。
凤凰既已带去了聘礼，恐怕高辛的成功会在我之先。
想去更远的地方又毫无目的，姑且只能四处逍遥游戏。
趁着少康尚未成家，强留下有虞国的姚姓二女。
但是媒人能力薄弱又笨拙，恐怕诱导的言语不够稳固。
人世间既溷浊又嫉贤，总喜欢掩蔽美德而称扬邪恶。
闺中的佳丽既深邃而遥远，明哲的君王又执迷不悟。
隐藏起我的真情一言不发，我如何能隐忍它直到终古？

（九）第九段歌辞

索藑茅以筳篿兮，命灵氛为余占之。
曰：两美其必合兮，孰信修而慕之？
思九州之博大兮，岂惟是其有女？

曰：勉远逝而无狐疑兮，孰求美而释女？
何所独无芳草兮，尔何怀乎故宇？
世幽昧以昡曜兮，孰云察余之善恶。
民好恶其不同兮，惟此党人其独异。
户服艾[1]以盈要兮，谓幽兰其不可佩。
览察草木其犹未得兮，岂珵美之能当？
苏粪壤以充帏兮，谓申椒其不芳。

此段的大意是说，屈原在不知何去何从的困惑下，只得听命于灵氛的占卜。灵氛则劝他远走他方，去寻求志趣相投的朋友，不必悬念于故国。此段虽叙述到迷信的占卜，实际上则是刻画出一个求助无门者内心的矛盾和挣扎。因为以屈原忠君爱国的执着性格，灵氛这个角色的出现，只是另一种人生面相的烘托作用而已。《卜居》之写作心态，当也如是。

再读到语译的歌辞时，可能会会心一笑，这里我引用了苏东坡《蝶恋花》中的千古名句“天涯何处无芳草”。若比对原文，竟脱胎于《离骚》的“何所独无芳草兮”的句子。我刻意安排两位大师在语译中相见。

我找到了蔓茅和占卜用的小折竹，请灵氛为我筮卜。
卜兆说：“两个美善的人必能相处，哪有真诚者不被仰慕？
试想九州是如此博大，岂止是此地才有同志？”

1 艾：白蒿。端午时插在门上避邪之物，非装饰用。

又说："勉强远去不要再狐疑，哪有求贤者会舍弃你？
天涯何处无芳草，你何必老怀念着旧居？"
人间世不是幽昧就是昡曜，谁又能了解我的善恶？
人的好恶本来就不同，只有此地的党人光怪陆离！
家家户户竟把艾草挂满腰间，而说幽兰是不可佩饰。
他们观察草木都不清楚，又岂能知道美玉的价值？
拿粪土填充香囊，竟说申椒是一点儿也不香。

（十）第十段歌辞

欲从灵氛之吉占兮，心犹豫而狐疑。
巫咸将夕降兮，怀椒糈而要之。
百神翳其备降兮，九疑[1]缤其并迎。
皇剡剡其扬灵兮，告余以吉故。
曰勉升降以上下兮，求榘矱[2]之所同。
汤禹严而求合兮，挚咎繇而能调。
苟中情其好修兮，何必用夫行媒。
说操筑于传岩兮，武丁用而不疑。
吕望之鼓刀兮，遭周文而得举。
甯戚之讴歌兮，齐桓闻以该辅。
及年岁之未晚兮，时亦犹其未央。

1　九疑：舜之所葬。
2　榘矱：法度。

恐鹈鴃之先鸣[1]兮，使百草为之不芳。
何琼佩之偃蹇[2]兮，众薆然而蔽之。
惟此党人之不谅兮，恐嫉妒而折之。
时缤纷其变易兮，又何可以淹留。
兰芷变而不芳兮，荃蕙化而为茅。
何昔日之芳草兮，今直为此萧艾也。
岂其有他故兮，莫好修之害也。
余以兰[3]为可恃兮，羌无实而容长。
委厥美以从俗兮，苟得列乎众芳。
椒专佞以慢慆兮，樧又欲充夫佩帏。
既干进而务入兮，又何芳之能祗。
固时俗之流从兮，又孰能无变化。
览椒兰其若兹兮，又况揭车与江离。
惟兹佩之可贵兮，委厥美而历兹。
芳菲菲而难亏兮，芬至今犹未沬。
和调度以自娱兮，聊浮游而求女。
及余饰之方壮兮，周流观乎上下。

此段的大意是说，屈原求灵氛不得后，又恳托巫咸以询问疑难于神明。但神明竟也规劝屈原勉强上下，以求理想一致的

1 鹈鴃秋分前鸣，则草木零落。

2 偃蹇：长垂貌。

3 旧注以“兰”为子兰，椒为子椒，殊不妥。按后文言，则史无其人。

同志。屈原则从历史借镜中反复寻思，却始终恐惧楚国党人的嫉害，以及君王约定之不可信。于是黯然去国而有远游之意。《远游》之写作心态亦复如是。文中历数君臣之所以能谋合者；如挚（伊尹）以美味取得汤的重视，咎繇以严明律法为禹所用，傅说以梦为引介得识武丁，吕望以善鼓刀而得文王赏识，宁戚以讴歌而获齐桓知音。也都暗示，想得到君王的重用，必须自己先有“一技之长”。

此段译文的篇幅，较之其他各节为长，是因为排比的句式较多。所以在朗读时，音节必须不疾不徐，娓娓道来。旧注以“兰”暗喻力劝怀王入秦的“司马子兰”，不过在一连串香草的排比句式出现后，香草以象征屈原禀赋之美的意象就格外明显。在无从寻觅出以“椒”和“榝”暗喻“子椒”或“子榝”的真实人物情况下，当然以“兰”暗喻“子兰”，也不攻自破了。

我本想听从灵氛吉利的占卜，内心却又犹豫且狐疑。
巫咸将在傍晚时降临，我带着祭神的椒糈去邀约。
百神隐蔽了天空而齐降，九嶷山的诸神腾驾并迎。
众神的法像闪烁着万丈灵光，告知我吉祥的兆示。
说：“应该黾勉地升降上下，寻求矩矱（原则）之所同。”
汤、禹虔敬地寻求辅佐，挚、咎繇正能与他谋合。
只要内心真情又美好，又何须一定要有媒人。
傅说操作版筑在傅岩，武丁引用而不疑。
吕望是操刀的屠夫，却遇上文王而被荐举。
宁戚敲着牛角讴歌，齐桓听了就用为佐辅。

趁着年岁还不算太晚，时间也还没全部耗光。

唯恐鹈鴂会提前鸣叫，使得百草失去芳香。

为何我有这么多琼玉的佩饰，大家却一起把它隐蔽？

此地的党人是毫无诚信，恐怕会嫉妒而摧折。

时俗已如此纷乱变易，此地又怎么还能久留。

兰芷已经变得不再芳香，荃蕙已经化成了茅草。

奈何昔日的芳草，今日都变成了萧艾！

岂有其他的缘故吗！都是不喜爱修洁所惹的祸害。

我原以为兰可以依赖，没想到也变得不实而徒具外表。

委弃了美质而随从世俗，苟且列在众芳之谱。

椒已变得专横谄佞而且傲慢；椴又想充填进佩帏。

既然都干谒求进而务必成功，又哪有芳草再值得尊崇！

固然时俗已随波逐流，又谁能没有变化！

看着椒兰已经变得如此，更何况揭车和江蓠。

这些佩饰原来是这么可贵，却自我委弃堕落到如此境地。

只有我的芬芳四溢而永不亏竭，芬香的气息至今不移。

调和态度以自求欢娱，姑且周游以寻求同志。

趁着我的佩饰还鲜美如初，再周游观赏上天下地。

（十一）第十一段歌辞

灵氛既告余以吉占兮，历吉日乎吾将行。

折琼枝以为羞兮，精琼靡以为粻。

为[1]余驾飞龙兮，杂瑶象以为车。
何离心之可同兮，吾将远逝以自疏。
邅吾道夫昆仑兮，路修远以周流。
扬云霓之晻蔼兮，鸣玉鸾之啾啾。
朝发轫于天津[2]兮，夕余至乎西极。
凤皇翼其承旂兮，高翱翔之翼翼。
忽吾行此流沙[3]兮，遵赤水[4]而容与。
麾蛟龙使梁津兮，诏西皇使涉予。
路修远以多艰兮，腾众车使径待。
路不周[5]以左转兮，指西海[6]以为期。
屯余车其千乘兮，齐玉轪[7]而并驰。
驾八龙之婉婉兮，载云旗之委蛇。
抑志而弭节兮，神高驰之邈邈。
奏九歌而舞韶兮，聊假日以媮乐。
陟升皇之赫戏兮，忽临睨夫旧乡。
仆夫悲余马怀兮，蜷局[8]顾而不行。

此段大意是说，屈原既已得吉占，遂取道昆仑，经流沙，

1 为：读去声，当解为替。
2 天津：即天河。
3 流沙：沙漠。
4 赤水：出昆仑。
5 不周：山名。在昆仑西北。
6 西海：西极之海，有小昆仑，高万仞，方八百里。
7 轪：楚人称车为轪。
8 蜷局：诘屈貌。

渡赤水，以西海为终极目的。这一段神话之旅，场景浩瀚，乐声悠扬，当即将进入高潮之际。屈原蓦然回首，竟睥睨到萦回于旧梦中的故乡，以致仆夫悲泣，连坐骑也蜷局回顾，步履蹒跚。文中对行程之描写热闹非凡，也暗示屈原初萌去国之思时，情绪的激昂高亢，然毕竟屈原对故国强烈的感情，让他戛然而止。连仆夫与坐骑都情重如是，其主人感情之真切，不言可喻了。

且让我们一起来朗诵这段语译的白话诗。语调从舒缓中起步，继而随着迈向昆仑途中，场景的不断移换间，情绪和歌声渐趋高亢。有如一条飞蛇，在黄山三十六峰半山腰里盘旋穿插，顷刻之间，戛然而止（《老残游记·明湖居听书》语）。

灵氛既然已告诉我吉利的卜兆，挑选个吉利的日子我就将远行。

折下琼玉之枝作为菜馐，精凿琼玉米屑做成干粮。

替我驾驭着飞龙，杂饰瑶玉和象牙的车舆。

岂有离心而又同行之理？我即将远去而自求纾解。

回转我的道路前往昆仑，路程是长远而曲折。

扬起云霓般的旌旗以掩蔽阳光，坐骑上的佩鸾鸣声啾啾。

早晨启程时还在东边的天津，傍晚就到了西方的终极。

凤凰肃穆地奉承在旌旗的左右，高高翱翔且和顺安逸。

忽然我走到了流沙，再沿着赤水容与游戏。

指挥蛟龙架起桥梁，诏告西皇将我渡过河去。

路途是长远又多艰，腾告众车先到对岸等待。

路过不周山后左转，直指西海以为目的。

屯聚的车辆多达千乘，玉饰的车轮并驾齐驱。

驾车的八匹龙驹婉婉舞动，车上的云旗随风委蛇。

心情虽然随着节奏而舒缓，神魂却高飞得邈邈漠漠。

奏着九歌，舞着九韶；聊且假借光阴以娱戏。

攀升到了光明灿烂的皇天，忽然低头看到了旧乡。

仆夫悲戚，马也怀思；大家都蜷局相视不能动弹。

最后一段是结尾，《离骚》以“乱曰”作结，原歌辞为：

乱曰：

已矣哉！国无人，莫我知兮，又何怀乎故都？

既莫足与为美政兮，吾将从彭咸之所居。

“乱”是一种音乐上的名词，犹文章的“结语”，乐章的“卒章”或“尾声”。此段只有短短数语，却道尽了屈原殉国之痛。“国无人莫我知”“莫足与为美政”是屈原赴死的原因，而“吾将从彭咸之所居”则是讣告世人的死亡讯息。如果转译成白话诗歌，虽然也是短短几句，可以看出屈原的情绪已经跌入万丈深渊，没有一丝求生的勇气，他喃喃自语——

算了吧！国内已经没有贤人；更没有人能了解我，我又何必怀念故都？

既然已经无人能和我推行美政，我就跟从到彭咸的居处。

伍

流放者的行吟之歌——《九章》

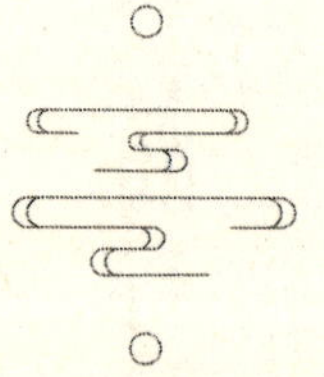

一、《九章》不是一时一地之作

诚如王逸《楚辞章句·九章序》中所说:“《九章》是屈原所作。”但是否也如他所说“《九章》是屈原流放到江南之野,思君念国,忧心无已”的同时期创作,就未必尽然。所以到了宋代朱熹《楚辞集注·九章序》就提出修正。他说:

九章,确实是屈原的作品。屈原既已流放,思君念国,随事感触,就形之于篇章。后人收辑这些作品,得到九个篇章,合成一卷,非必是出于一时一地的言辞。

朱熹的说法是否可信?而收辑的人又是谁?司马迁读《楚辞》最为详审。他在《史记·屈贾列传》中说:“(屈原)乃作《怀沙》之赋。”其下并引《怀沙》全文。他又于“太史公曰”提到:“余读《离骚》《天问》《招魂》《哀郢》,悲痛屈原的心志。亲往长沙,去观看屈原自沉的深渊,禁不住流下涕泪,想一见屈原其人。”其中《怀沙》与《哀郢》,都是《九章》中的篇名，却未曾说《九章》。及至班固《汉书·扬雄传》也说："（扬雄）又模仿《惜诵》以下至《怀沙》一卷，名为'畔牢愁'。"也是《惜诵》与《怀沙》单独成篇。足见司马迁和班固时，《九章》还是各篇独立的。直到刘向的《九叹·忧苦》才说："叹离骚以扬意兮，犹未殚于九章。"第一次出现了《九章》的篇名。想必是刘向在典校经书，编辑十六卷本《楚辞》时才命名为《九章》的。所以朱熹所指的"后人"，最有可能就是刘向。

二、《九章》的创作时地和文辞之美

（一）橘颂

《橘颂》是一篇咏物赋，文中借着对橘树本质的歌颂，说明自己坚贞的情操，绝不变心从俗的毅力。文采、风格与《九章》的其他各篇迥异，通篇都没有书写被流放时的怨愤情绪。清代陈本礼《屈辞精义》就说："篇章中既说：'嗟尔幼志、年岁虽少'，明显在自述，这是早年童冠时的作品。"加之，就该篇句型来看，也与《诗经》的四字句格式为近，在"楚辞体"之发展过程中判断，应当是屈原年少时的作品。

《橘颂》二字中，"颂"就是"美盛德之形容"。所以《橘颂》就是对橘树的歌颂。诗篇中，句句以橘树的各种形貌特质表达自己一生的行事，谨慎戒惧，始终如一的态度。字字金玉，铿锵有声。由此篇可见，屈原一生的行事风格与操守德业，早在年少时代已经养成。且看《橘颂》第一段原文：

后皇嘉树，橘来服兮。
受命不迁，生南国兮。
深固难徙，更壹志兮。
绿叶素荣，纷其可喜兮。
曾枝剡[1]棘，圆果抟[2]兮。
青黄杂糅，文章烂兮。
精色内白，类可任兮。
纷缊[3]宜修，姱而不丑兮。

此段旨在铺写橘树的本质可贵处，有二：一为“受命不迁，生南国”，所谓“橘逾淮则为枳”，象征坚忍与忠贞。二为“曾枝剡棘，圆果抟兮”，也即所谓性格上的“外方内圆”。转译成白话诗如下：

天地间有一种嘉树叫橘，特来服习南方的水土。
受命于上天不得迁徙，永远生长在南方国度。
根深柢固难以移动，更显得志节专一。
翠绿的叶子，纯素的花朵，缤纷的色彩讨人欢喜。
层层的枝丫，尖锐的棘刺，还有团团的圆果。
青黄杂糅的果皮，文采更是灿烂夺目。
鲜明的外皮，洁白的内絮，表露出沉稳与担当。

1 剡：利也。
2 抟：圜也。
3 纷缊：盛貌。

纷然众盛的内蕴与美丽，美得天下无敌。

再看《橘颂》第二段：

嗟尔幼志，有以异兮。
独立不迁，岂不可喜兮？
深固难徙，廓其无求兮。
苏世独立，横而不流兮。
闭心自慎，不终失过兮。
秉德无私，参天地兮。
愿岁并谢，与长友兮。
淑离[1]不淫，梗其有理兮。
年岁虽少，可师长兮。
行比伯夷，置以为像兮。

此段则引橘树以自况，句句写橘，却也句句写自己。所标榜的橘树美德；如“独立不迁”“廓其无求”“横而不流”“不终失过”“秉德无私”，极尽铺叙之美；朗诵时韵律也显得高亢。将此段语译如下：

赞叹你幼小的心志，就和常人有异。
独立不移的性格，岂会不让人欢喜？

1　淑：善也。离：丽也。

深沉固执不与世推移，恢宏宽廓而又无所求。
苏醒于浊世特立独行，能横波而不随流俗披靡。
清心寡欲思虑缜密，始终不会有过失。
秉持道德没有私心，参与了天地的化育。
愿与你同度岁月，结为永远的朋友。
贤淑美丽又不骄纵，内心耿直而又有条理。
年岁虽少，却有师长的风范。
行为可与伯夷比拟，成为万人效法的楷模。

（二）惜诵

《惜诵》篇中有几句很能借以揣摩屈原创作诗篇时的心境："欲儃佪以干傺兮，恐重患而离尤。欲高飞而远集兮，君罔谓汝何之？欲横奔而失路兮，坚志而不忍。"大意是："我想留下来东山再起，害怕更大的祸患会降临。我也想高飞而远集，又怕国君问你去哪里？我更想横奔失路胡作非为，可是坚贞的个性不容我改易！"三个"欲"字，强烈地透露出欲去不得的矛盾和痛苦。篇末又提到"矫兹媚以私处兮，愿曾思而远身"，也有慎重地思考后去国远行的想法，这种心态应当是屈原在怀王时，刚被疏远时的作品。林云铭《楚辞灯》和蒋骥《山带阁楚辞注》都有相同的看法。按《史记》"屈原列传"及"楚世家"所载，屈原初疏在怀王十六年，所以《惜诵》篇应当在此后不久所作。

《惜诵》是取篇首二字为题，"惜诵"既然可以导致愍忧，显然此“诵”字必有进谏之意。所以王逸注：“惜，贪也。诵，论也。致，至也。愍，病也。”说得明白一点，就是自己太爱说忠谏的话，以至于得到忧愍疲病。所以本篇旨在说明，屈原忠贞事君，反遭谗邪所蔽，内心为去留所困，透露出初次被疏远时，急于言辩的痛苦与矛盾。且看《惜诵》的第一段：

惜诵以致愍兮，发愤以抒情。
所作[1]忠而言之兮，指苍天以为正。
令五帝以折中兮，戒六神与向服。
俾山川以备御兮，命咎繇使听直。
竭忠诚以事君兮，反离群而赘肬。
忘儇媚以背众兮，待明君其知之。
言与行其可迹兮，情与貌其不变。
故相臣莫若君兮，所以证之不远。
吾谊先君而后身兮，羌众人之所仇。
专惟君而无他兮，又众兆之所雠。
壹心而不豫兮，羌不可保也。
疾亲君而无他兮，有招祸之道也。
思君其莫我忠兮，忽忘身之贱贫。
事君而不贰兮，迷不知宠之门。
忠何罪以遇罚兮，亦非余心之所志。
行不群以巅越兮，又众兆之所咍。

1 “作”字疑“非”字之误。

纷逢尤以离谤兮，謇不可释。
情沉抑而不达兮，又蔽而莫之白。
心郁邑余侘傺兮，又莫察余之中情。
固烦言不可结诒兮，愿陈志而无路。
退静默而莫余知兮，进号呼又莫吾闻。
申侘傺之烦惑兮，中闷瞀之忳忳。

此段文字，透露了屈原法家和儒家思想兼修的功夫。法家思想上，他提出了“合议审判”的重要性。所以他对自己忠贞的审判中，合议庭的法官，不仅有“苍天”，更有“五帝”、“六神”、“山川之神”以及上古最公正的法律之神“皋繇”。儒家思想上，他提出了“言行相顾”的原则。屈原所谓的“言与行其可迹兮，情与貌其不变”，言语和行为该可以印证，内心与外貌也必须相称的观点，正和孔子所说“始吾于人也，听其言而信其行；今吾于人也，听其言而观其行”（《论语·公冶长》）的道理是一致的。且看语译后的文字，更为明白。

只因贪图忠谏而招致斥责，总想发泄悲愤且抒散心情。
倘若我说的话不由忠信，我愿指苍天作为凭证。
请五帝来折中评断，让六神来对质罪状。
使山川之神来陪审，命咎繇来倾听曲直。
只因竭尽忠诚以事奉国君，却反被疏离而视同赘疣。
我不懂谄媚而遭众人背弃，只为等待明君能了解心意。

言语和行为该可以印证，内心与外貌也必须相称。
本来了解臣子莫若国君，所以求证也不必舍近求远。
行事本就该先国君而后自己，众人对我却充满敌意。
一意为着国君而无心自己，却又被众人当成仇敌。
一心事君而毫不犹疑，却落得保不住自己。
急切地亲近国君并无他意，却又变成招祸的道理。
一想到国君会误会我的忠贞，竟忘了自身的贱贫。
事奉国君从无二心，却不知道如何获得宠幸。
忠君竟然有罪而遭惩罚，绝不是我当初所能了解。
行为不随从流俗而致跌跤，却又遭到众人的嗤笑。
纷扰的斥责和诽谤，简直已让我无从解决。
内情已被压抑得无从表达，又遭刻意掩蔽而无法辩白。
内心既郁悒而失意，又没有人能察觉我的衷情。
固然烦琐的言语不易传达，想要陈诉却也没有门路。
退而沉默将没人再了解我，进而呼号又装着不闻不问。
一再地被失意与烦恼迷惑，内心已忳忳然充满烦闷。

《惜诵》的第二段：

昔余梦登天兮，魂中道而无杭。
吾使厉神占之兮，曰："有志极[1]而无旁。"
终危独以离异兮，曰："君可思而不可恃。"

1　极：目的地。

故众口其铄金兮，初若是而逢殆。
惩于羹者而吹齑兮，何不变此志也？
欲释[1]阶而登天兮，犹有曩之态也。
众骇遽以离心兮，又何以为此伴也？
同极而异路兮，又何以为此援也？
晋申生之孝子兮，父信谗而不好。
行婞直而不豫兮，鲧功用而不就。
吾闻作忠以造怨兮，忽谓之过言。
九折臂而成医兮，吾至今而知其信然。
矰弋机而在上兮，罻罗张而在下。
设张辟以娱君兮，愿侧身而无所。
欲儃佪以干傺兮，恐重患而离尤。
欲高飞而远集兮，君罔谓汝何之？
欲横奔而失路兮，坚志而不忍。
背膺牉以交痛兮，心郁结而纡轸。
（乱曰：）
梼木兰以矫蕙兮，凿申椒以为粮。
播江离与滋菊兮，愿春日以为糗芳。
恐情质之不信兮，故重著以自明。
矫茲媚以私处兮，愿曾思而远身。

此段歌辞，屈原如同弗洛伊德（Sigmund Freud）般来

1 释：置也。

了段“梦的解析”。屈原说:“昔余梦登天兮，魂中道而无杭。吾使厉神占之兮，曰:‘有志极而无旁。’终危独以离异兮，曰:‘君可思而不可恃。’”原来在战国时期，“一梦登天，中道迷航”，正如厉神所解，是象征屈原有强烈亲近国君的欲望，却得不到国君的青睐。当然这与弗洛伊德以“性的欲念”解析是不同学派的。

在这段歌辞中，以满怀期望的梦境登场，却在布满机关，处处矰弋的残酷现实中落幕，无怪乎会让屈原迷失在欲去不得的两难之中，末尾更是一唱三叹地大声疾呼。“尾声”(乱曰)，分析文章的结构和内容后，我以为原文可能误脱此二字而增补。“尾声”上所表达的情绪已复趋平缓。再欣赏译文如下:

往昔我曾做过一场登天大梦，魂魄在中途就迷失了方向。
我请大神来占卜，神说:“那表示有目标却没有人帮忙。”
终于还是孤独而分离，神说:“国君只能思念不可仗恃。”
固然众口可以铄金，当初我如此深信才是遭殃的关键。
喝热羹烫到嘴的人，看到冷盘都会吹气，为何不改变心意?
如果放置阶梯来登天吧！却还有从前的傻脾气。
众人都害怕惶惧与你离异，又怎么会成为伴侣?
虽然目的相同而道路各异，又怎么会成为援助?
晋国的申生是位孝子，由于父亲听信谗言而对他不好。
行为耿直而不迟疑，才让鲧用了功夫而毫无成绩。
我早已听说尽忠的人会遭怨怼，轻忽地以为言过其实。
九折臂以后成为良医，才知道那些话真实不欺。

缯弋已经瞄准在头上，罻罗更张设在脚下。

小人都设机关来讨好国君，就想侧身已无处可栖。

我想留下来东山再起，害怕更大的祸患会降临。

我也想高飞而远集，又怕国君问你去哪里？

我更想横奔失路胡作非为，可是坚贞的个性不容我改易！

我的胸和背绞痛得快要崩裂，我的心郁闷得纠结在一起。

尾声：

捣碎木兰糅杂些蕙草，精凿申椒作为干粮。

播种江蓠栽莳芳菊，愿春日时煮成香喷喷的饭团。

唯恐真情与实质不被取信，所以一再地重复表明。

高举起我的修能美德，愿慎重地思考后去国远行。

（三）抽思

《抽思》篇中的“有鸟自南兮，来集汉北”一句，正说出了此篇是屈原初次放逐在汉北时的作品。游国恩《楚辞概论》以为当在怀王二十四年。篇中有“悲秋风之动容”句，则或是在此年的秋天以后所作。篇中又有“数惟荪之多怒兮，伤余心之慢慢”。王夫之《楚辞通释》说：“荪之多怒，谓怀王轻于喜怒。”又“昔君与我诚言兮，曰黄昏以为期。羌中道而回畔兮，反既有此他志”。王夫之以为：“怀王始初与自己共谋国政，既为奸佞所惑误，于是背弃屈原而有异说。”都直指该篇应作于怀王时。

《抽思》篇用“少歌”中“与美人抽怨兮”句中的“抽

思”（朱熹《集注》本怨作思）二字为篇名。“美人”在《九章》中都是指称怀王，所以此篇是屈原刻意向楚怀王的告白。全诗除“少歌曰”“倡曰”“乱曰”外，其余共分三段。篇中一再陈诉己之心意，文辞悲切感人。且看《抽思》原文第一段：

心郁郁之忧思兮，独永叹乎增伤。
思蹇产之不释兮，曼遭夜之方长。
悲秋风之动容兮，何回极[1]之浮浮[2]。
数惟荪[3]之多怒兮，伤余心之懮懮。
愿摇起[4]而横奔兮，览民尤以自镇。
结微情以陈词兮，矫以遗夫美人[5]。

此段屈原诉说自己遭遇放逐后，内心忧思莫名，以致对时间的感觉，总是长夜漫漫，不得安眠。所以愿奋起而横奔，陈辞于怀王之前。且看译文：

心情抑郁且忧虑，独自地长叹又一再感伤。
思绪已纠结而难以开释，又遭逢漫夜方长。
悲叹秋风改变了大地的容貌，为何地轴的运行依旧不断。

1　回极：指天极回旋的枢轴。
2　浮浮：动貌。
3　荪：指怀王。
4　摇起：疾起。
5　美人：指怀王。

多次想起你的无端发怒，伤透了我的衷肠。
我几次想奋起而狂奔，看到百姓受苦时才勉强自制。
结系上真情以陈诉，高举呈献给君王。

《抽思》的第二段：

昔君与我诚言[1]兮，曰黄昏以为期。
羌中道而回畔兮，反既有此他志。
憍吾以其美好兮，览余以其修姱。
与余言而不信兮，盖为余而造怒。
愿承闲而自察兮，心震悼而不敢；
悲夷犹而冀进兮，心怛伤之憺憺[2]。
箬历情以陈辞兮，荪详聋而不闻。
固切人之不媚兮，众果以我为患。

此段，屈原自诉初受怀王知遇时，是怀王主动和自己有如“婚期”般地诚信相约，随后怀王却反悔有了他志，自己虽一再陈辞，国君竟佯聋而不闻不问。详细的情节，且看译文：

往日国君已对我许下诺言，说黄昏就是我俩的期约，
不料中途你却反悔，而有了其他的对象。

1　诚言：犹诺言。
2　憺憺：安静貌。

向我夸耀你的美好；向我展示你的修态。

对我的诺言可以一概不信守，却凭空对我发怒。

我也想趁闲暇时自我省察，心中却震惊而不安；

悲伤忧疑之余想再接近你，内心的创伤却难抚平。

累积了所有真情倾诉，你却假装耳聋而不闻不问。

固然正直的人不懂谄媚，众人果然以我为祸患。

《抽思》的第三段：

初吾所陈之耿着兮，岂至今其庸[1]亡？

何毒药[2]之謇謇[3]兮？愿荪美之可完。

望三五以为像兮，指彭咸以为仪。

夫何极而不至兮，故远闻而难亏。

善不由外来兮，名不可以虚作。

孰无施而有报兮，孰不实而有获？

此段，屈原强调自己之所以恳切陈辞，犹盼国君之能美善。自己也以彭咸为典范，并深信“要怎么收获，先怎么栽”（胡适语）的道理。译文如下：

当初我的陈诉清清楚楚，到今天岂能统统遗忘！

1 庸：用也。

2 一本此句作“何独乐斯”。

3 謇謇：言不顺貌。

虽然忠言像毒药般难咽，那也是为了你的健康。
仰望三皇五帝以为法典，直指彭咸作为模范。
哪有达不到的目的地？所以名声定能远播而不灭。
善良的品德不是由外人给予，传世的名声也不能凭空而得。
哪有不施舍而只求报答？哪有不播种而只想收获？

本篇的最大特色是在结尾上，运用了乐曲中，三次反复的吟诵。《九章》中其他篇章，甚至《离骚》，都只用了一次“乱曰”，而该篇除“乱曰”外，还有“少歌曰”及“倡曰”。“少歌”也就是“小歌”，意谓低声地唱；而“倡”同“唱”，也就是高声地唱。

少歌[1]曰：
与美人抽怨兮，并日夜而无正。
憍吾以其美好兮，敖朕辞而不听。

倡[2]曰：
有鸟[3]自南兮，来集汉北。
好姱佳丽兮，胖独处此异域。
既惸独而不群兮，又无良媒在其侧。
道卓远而日忘兮，愿自申而不得。

1　少歌：音乐名词。犹今言“小吟两句”。
2　倡：唱也。犹今言“再唱一段”。
3　鸟：屈原自喻。

望北山而流涕兮，临流水而太息。
望孟夏之短夜兮，何晦明之若岁！
惟郢路之辽远兮，魂一夕而九逝。
曾不知路之曲直兮，南指月与列星。
愿径逝而未得兮，魂识路之营营[1]。
何灵魂之信直兮，人之心不与吾心同！
理弱而媒不通兮，尚不知余之从容。

乱曰：
长濑湍流，泝江潭兮。
狂顾南行，聊以娱心兮。
轸石崴嵬，蹇[2]吾愿兮。
超回志度，行隐进兮。
低佪夷犹，宿北姑兮。
烦冤瞀容，实沛徂兮。
愁叹苦神，灵遥思兮。
路远处幽，又无行媒兮。
道思作颂，聊以自救兮。
忧心不遂，斯言谁告兮。

一首诗篇的结尾部分，作者刻意强调有三种音阶的转换，

1　营营：往来貌。
2　蹇：语词。一如“羌”。

足见朗诵《楚辞》确实需要高度的音乐修养和技巧。且将它译为语体如下：

小吟两句：

我向你抒发内心的思念，已一天一夜还得不到公平的验证。
你只会向我显示你的美好，骄傲得连我的话也不听。

再唱一段：

有只失群的孤鸟来自南方，栖集在汉水之北。
美丽的羽毛悦耳的啼声，却孤单地处此异域。
既特殊却无兄弟，又没有能言的媒人在其侧。
道路的远隔让人已日益淡忘，想自申而不得。
望着北山而滴下眼泪，临着流水而不断叹息。
凝视着孟夏的短夜，竟然晦明长得像一岁！
回到郢都的路途虽远，魂魄却一夕而九逝。
从不计路途有多曲直，直指南向的月与列星。
想直接回去而不可得，只有魂魄能往来营营。
为何我的灵魂格外耿直，其他的人心却不同？
媒理的言辞拙劣而不通，对方还不知我的举动。

尾声：

涉过长濑与湍流，走向江潭，
狂顾南行，或可聊娱忧伤。
嵬嵬的方石，就像我的初志一样，

超越过初志态度，带着伤痛前行。
心情低回犹夷地投宿在北姑，
烦乱的冤屈、憔悴的容貌真想随波而去，
忧愁苦叹，心灵还遥思着远处的故乡，
流放的路途遥远、幽僻，又没有媒理。
路上想着该写篇诗章自宽，
不知忧心如何表白？这些话又该倾诉给谁？

（四）思美人

《思美人》篇中有“开春发岁兮，白日出之悠悠。吾将荡志而愉乐兮，遵江夏以娱忧”的句子，指出该篇创作时间是春天，地点是“江夏”。据《水经注》，夏水从湖北沙市东南与长江分流，于沔阳流入汉水，自此以下，夏水亦称汉水。所谓江夏流域正是屈原再放江南的地点。又篇中说“思美人兮，揽涕而伫眙。媒绝路阻兮，言不可结而诒”，则“美人”当指怀王，而“媒绝路阻”又明言怀王已死。按顷襄王三年，怀王客死于秦，国人义愤填膺，屈原声望正高，顷襄王不至于立刻放逐屈原。又据《史记·楚世家》，顷襄王七年，“楚迎妇于秦，秦楚复平”，十九年，“秦伐楚，楚军败，割上庸、汉北地予秦”。所以屈原的再放江南，当在顷襄王七年以后，十九年之前。

《思美人》是用诗篇中前三字为题。“思美人”就是对楚怀王的思念。作此篇时因为怀王已死，所以诗篇起句，屈原就哭了。可以想见全篇的修辞都充满了悲戚和失落的感情。心境上，悲痛至极，怀王既死，屈原心知推行美政之无望，已萌死志，故文中有“命则处幽，吾将罢兮，愿及白日之未暮。独茕茕而南行兮，思彭咸之故也”的句子。且看原文第一段：

思美人兮，揽涕而伫眙。
媒绝路阻兮，言不可结而诒。
蹇蹇之烦冤兮，陷滞而不发。
申旦以舒中情兮，志沉菀而莫达。
愿寄言于浮云兮，遇丰隆[1]而不将。
因归鸟而致辞兮，羌迅高而难当。
高辛[2]之灵盛兮，遭玄鸟[3]而致诒。
欲变节以从俗兮，媿易初而屈志。
独历年而离愍兮，羌冯心犹未化。
宁隐闵而寿考兮，何变易之可为！
知前辙之不遂兮，未改此度。
车既覆而马颠兮，蹇独怀此异路。
勒骐骥而更驾兮，造父[4]为我操之。
迁逡次而勿驱兮，聊假日以须时。
指嶓冢之西隈兮，与纁黄以为期。

1 丰隆：云神。
2 高辛：帝喾，黄帝之曾孙。
3 玄鸟：燕。喾妃吞燕卵以生契。
4 造父：善御者。

此段大意是说怀王虽死，屈原仍念念不忘与怀王有“纁黄之约”，即所谓共治美政的初志。这段诗歌中，最富新意的句子是“愿寄言于浮云”和“因归鸟而致辞”，以现代诗的用语观察，也毫不逊色。然而浮云却是最飘浮不定的意象；而归鸟又是急欲返巢的明喻。屈原早已明白他的不遇是必然。翻译成白话似更能传神：

思念着你呀美人，擦拭着涕泪我久久伫睨，
媒人断绝道路阻隔，言语已无法传递。
忠贞而造成的种种冤屈，陷滞到无法抒发，
整夜地纾解衷情，心志却沉积得无从表达。
愿能寄语于浮云，虽遇见丰隆却不肯传话，
借归鸟带个口信，却迅疾高飞而无缘对话。
高辛的灵气鼎盛，一定能征得玄鸟代他送礼，
改变志节随从流俗，又觉得愧对初心委屈自己。
孤独得多年遭到忧愍，愤懑满心却不肯变化，
宁隐忍忧伤而寿终，又岂能有改变的做法？
明知前路已经不通，却仍然不肯改变此种态度，
车已翻覆马也颠仆，还独自走着这条特异道路。
换成骐骥改了车驾，还请来善于操控的造父，
徘徊一宿，缓步慢走，姑且等待更好的时日，
直指嶓冢山的西隅，以黄昏作为约期。

《思美人》第二段：

开春发岁兮，白日出之悠悠。
吾将荡志而愉乐兮，遵江夏以娱忧。
揽大薄之芳茝兮，搴长洲之宿莽。
惜吾不及古人兮，吾谁与玩此芳草？
解萹薄与杂菜[1]兮，备以为交佩。
佩缤纷以缭转兮，遂萎绝而离异。
吾且儃佪以娱忧兮，观南人[2]之变态。
窃快在中心兮，扬厥凭而不俟。
芳与泽其杂糅兮，羌芳华自中出。
纷郁郁其远承兮，满内而外扬。
情与质信可保兮，羌居蔽而闻章。
令薜荔以为理兮，惮举趾而缘木。
因芙蓉而为媒兮，惮褰裳而濡足。
登高吾不说兮，入下吾不能。
固朕形之不服兮，然容与而狐疑。
广遂前画兮，未改此度也。
命则处幽，吾将罢兮，愿及白日之未暮。
独茕茕而南行兮，思彭咸之故也。

1 萹薄、杂菜：皆非芳草。
2 南人：南楚之人。

此段大意是屈原追忆再放江南时的路程和心境。时间是春天，地点是江夏流域。诗中“惜吾不及古人兮，吾谁与玩此芳草”一句则透露出怀王已死，屈原无伴的孤独，所以象征屈原禀赋之美的香草已被世俗人所披挂的萹薄与杂菜所取代。世人既已改变常态，屈原又再想到了彭咸。且看语体的译文：

新春时分正是一年的开始，白日悠悠然从东方升起，
我将涤荡心情愉悦欢唱，沿着江夏以排解忧伤。
捧着草丛中摘下的芳芷，拿起长洲上采撷的宿莽，
可惜我已经追不上古人，我还能跟谁欣赏把玩。
摘下恶臭的萹薄与杂菜，众人却争相以为佩饰，
我的佩饰既缤纷且多姿，却还是被萎绝而离弃。
我且徘徊与游戏，看着南人已改变了常态。
一丝丝的喜悦从心中燃起，扬弃愤懑已不必等待，
芬芳与汗泽虽然杂糅一起，芳香却依然从中散出，
浓郁的芳香一定远播，内在充满了也一定会外扬，
真情和本质是绝对的保证，纵使在幽蔽处也能显彰。
请薜荔作为媒人，可是我害怕举趾爬树；
让芙蓉作为媒人，又害怕提起衣衫湿污了双足。
往高处爬我不喜欢；往低处走我又不习惯，
原来我的个性竟这么固执，不得不让我滞留怀疑。
尽量去实现计划吧！不必改变态度，
处幽既是命定，我也累了，趁着日色还不太暗暮；
我孤零零地走向南方，只想着彭咸的缘故。

（五）哀郢

《哀郢》篇中有“民离散而相失兮，方仲春而东迁。去故乡而就远兮，遵江夏以流亡”的描述，所以它的写作时地都与《思美人》接近。篇中又说：“曾不知夏之为丘兮，孰两东门之可芜？”“两东门”是指郢城的东门，东门之荒芜，当如《史记·楚世家》所说：“二十一年，秦将白起遂拔我郢，烧先王墓夷陵。”所以《哀郢》之作，当在顷襄王二十一年以后。《哀郢》中又说：“忽若去不信兮，至今九年而不复。”虽然“九年”未必是实数，甚或更久。若自二十一年往上推算，则屈原之再放江南，当在顷襄王十二年以后。

《哀郢》和《涉江》两篇是研究屈原再放江南时，行经路程最重要的文献。《哀郢》中的“郢”是当时楚国的都城，湖北的江陵。当秦国的大将白起带着大军攻入郢都时，将楚国先王的陵墓夷为平地，曝骨于野，这对楚国来说是一大耻辱，对屈原来说更是伤心欲绝。我们从这样的历史背景切入，更能体会作品情感之真与修辞之美。此首诗除“乱曰”外共分两段。先引原文于下。第一段：

皇天之不纯命兮，何百姓之震愆？
民离散而相失兮，方仲春而东迁。
去故乡而就远兮，遵江夏以流亡。

出国门而轸怀兮，甲之朝[1]吾以行。
发郢都而去闾兮，（怊）[2]荒忽其焉极？
楫齐扬以容与兮，哀见君而不再得。
望长楸而太息兮，涕淫淫其若霰。
过夏首[3]而西浮兮，顾龙门[4]而不见。
心婵媛而伤怀兮，眇不知其所跖。
顺风波以从流兮，焉洋洋而为客。
凌阳侯[5]之泛滥兮，忽翱翔之焉薄。
心结结而不解兮，思蹇产而不释。
将运舟而下浮兮，上洞庭而下江。
去终古之所居兮，今逍遥而来东。

此段言屈原离开郢都，经夏口西行，继而上洞庭以下江的过程。在放逐中屈原对前途是一片茫然，去故乡的心境也愈感悲凉。这段文字中，最感人的句子是“望长楸而太息兮，涕淫淫其若霰”。“楸梓”都是墓木，它标示出祖先灵魂的安息之地，屈原又是负责“屈、景、昭”三大姓宗庙祭祀的“三闾大夫”。所以屈原写作《哀郢》时是国仇家痛聚于一身，无怪乎要泪流如霰。试将此段翻译如下：

---

1 甲之朝：楚以天干纪日，属何日，不可考。
2 此缺一“怊”字。
3 夏首：夏水之口。
4 龙门：楚东门。
5 阳侯：大波之神。

皇天不能纯一天命，为何让百姓担心受罪？
人民离散而相弃，就在仲春二月往东方迁移。
离开了故乡投向远方，沿着江夏而流亡，
刚出国门就满怀思量，就在甲之朝启程远航。
发郢都而离开里闾，悲伤恍惚中不知走向何处？
船桨齐扬缓缓移动，哀痛再也见不到君主。
凝望着长楸而叹息，涕泣已落如雪霰，
过了夏首再往西行，回顾时龙门已然不见。
内心既牵挂又伤感，茫茫然已不知立足何方？
顺着风波又随从水流，无所归依地到处作客。
凌驾着阳侯掀起的大波，倏忽翱翔而不知所泊。
心情纠结得无法打开，思绪纠缠得无从分解。
就要运舟而下航，溯水上了洞庭又顺流下了长江，
远离终老的居处，而今逍遥地来到东方。

《哀郢》的第二段：

羌灵魂之欲归兮，何须臾而忘反。
背夏浦而西思兮，哀故都之日远。
登大坟以远望兮，聊以舒吾忧心。
哀州土[1]之平乐兮，悲江介[2]之遗风。

1　州土：指故乡。
2　江介：指斥逐之地。

当陵阳之焉至兮，淼南渡之焉如？

曾不知夏之为丘兮，孰两东门之可芜？

心不怡之长久兮，忧与愁其相接。

惟郢路之辽远兮，江与夏之不可涉。

忽若（去）[1]不信兮，至今九年而不复。

惨郁郁而不通兮，蹇侘傺而含感。

外承欢之汋约兮，谌荏弱而难持[2]。

忠湛湛而愿进兮，妒被离而鄣之。

尧舜之抗行兮，了杳杳而薄天。

众谗人之嫉妒兮，被以不慈之伪名。

憎愠惀之修美兮，好夫人之慷慨。

众踥蹀而日进兮，美超远而逾迈[3]。

乱曰：

曼余目以流观兮，冀壹反之何时。

鸟飞反故乡兮，狐死必首丘。

信非吾罪而弃逐兮，何日夜而忘之！

此段则是叙述屈原流放在外时，心情本已忐忑不安，忽然传来郢都被秦将白起攻陷的噩耗，让屈原更是百感交集。当国

1　此处当有“去”字。

2　此二句指楚怀王。

3　自“尧舜之抗行兮”以下至“美超远而逾迈”数句为《九辩》文错简。

家有急难时，屈原却不能及时赶回郢都，一是从江汉到郢都的路途实在遥远，而更让屈原焦虑的恐怕是待罪放逐之身，又岂能自由行动。所以下文才会有“惨郁郁而不通兮，蹇侘傺而含戚”的悲叹。接下来两句则是对怀王外有小人谄媚，内又性格软弱，以致忠贞无门的斥责。“乱辞”中先说“冀壹反之何时”，又说“鸟飞反故乡兮，狐死必首丘”，则正透露出诗人宁死于故乡的强烈愿望。且看译文：

灵魂总想回乡，何曾须臾而忘返？
背向夏浦而思念西岸，哀痛归乡的道路愈来愈长。
攀登上大坟远望，姑且借此以抒散忧伤。
悯惜起州土的富饶安康；悲痛着江介的遗留风范。
面对着陵阳即将何往？淼淼然南渡又到何方？
何曾知道大厦会变成墟丘？谁能料到两东门会荒芜？
内心已经不愉悦得太久，忧愁接续着忧愁。
想起归郢的路途竟如此遥远，江水和夏水又难以涉渡。
突然就此离去真难以置信，至今已九年还不能恢复。
惨痛悒郁得不能喘息，怅然失意得终日含戚。
外有承欢谄媚的小人，内心又荏弱而不能自持。
我纵使忠贞而愿意贡献心力，总会被嫉妒而遭到壅蔽。

尾声：
我放眼四望，希望能再一次回乡的机会是在何时？
夜晚时飞鸟都知道返回故乡，狐狸濒死也总是枕首高丘以翘望。

弃逐实在不是我有罪状，日日夜夜我又总是不能淡忘。

（六）涉江

《涉江》篇是写在《哀郢》之后，从篇中所叙述的行程看，是承续《哀郢》篇所叙述的陵阳开始，再往西南而行。从鄂渚启程，再到方林，渡洞庭，溯沅水，经枉陼，至辰阳，复东至溆浦。目的地仍在江南，溆浦以后的行程，则是“入溆浦余儃佪兮，迷不知吾所如”；往后的行程，屈原也未曾走过，但是离屈原投水而死的汨罗江已经是愈来愈近。

《涉江》的书写技巧是真实的行程和往事的回忆，作交互的变换，虚实并济，让读者朗诵时产生时空跳跃的美感。且看原文第一段：

余幼好此奇服兮，年既老而不衰。
带长铗[1]之陆离兮，冠切云之崔嵬。
登昆仑兮食玉英[2]，被明月兮珮宝璐。
世溷浊而莫余知兮，吾方高驰而不顾。
驾青虬兮骖白螭，吾与重华游兮瑶之圃。
与天地兮同寿，与日月兮同光。

1　长铗：剑名。

2　“登昆仑兮食玉英”句原在“吾与重华游兮瑶之圃”下，今据刘永济《屈赋通笺》。

哀南夷[1]之莫吾知兮，旦余济乎江湘。
乘鄂渚而反顾兮，欸秋冬之绪风。
步余马兮山皋，邸余车兮方林。
乘舲船余上沅兮，齐吴榜以击汰。
船容与而不进兮，淹回水而凝滞。
朝发枉陼兮，夕宿辰阳。
苟余心其端直兮，虽僻远之何伤！

此段，屈原先自言禀赋之美，是追叙往事的虚写技巧，有衬映下文遭流放后的实写，屈原的禀赋愈美，则屈原的被无罪放逐也愈令人同情。继而表露屈原既不为楚国所知，就只能踏上流放之路；自鄂渚，经方林，上洞庭，下沅水，更经枉陼、辰阳，进入溆浦。去完成他流放的行旅。且再朗诵一次语译的歌词：

我幼童时就爱好奇异的服饰，年纪老了兴趣也不衰减。
腰佩着光彩陆离的宝剑，头戴着高耸崔巍的切云冠。
攀登上昆仑采食玉英，身上披挂着明月之珠和宝璐。
世人既溷浊又不了解我，我正要高驰而不顾。
驾着青虬，骑着白螭，我约重华同游瑶玉的花圃。
与天地同等寿命，和日月同放光芒。
哀痛南夷必定没人了解我，可是清晨我就要渡过湘江。

1　南夷：指楚国。

登上鄂渚我回头张望，秋冬的余风依然微寒。

让我的马缓步在山皋；泊我的车在宽广的丛林。

乘着舲船而上溯沅水，齐整齐的船桨击起波澜。

船缓慢得几乎停滞，随着漩涡打转。

早晨从枉陼出发，傍晚已寄宿在辰阳。

只要我的心正直端庄，就算再僻远又何伤？

《涉江》的第二段：

入溆浦余儃佪兮，迷不知吾所如。

深林杳以冥冥兮，（乃）[1]猿狖之所居。

山峻高以蔽日兮，下幽晦以多雨。

霰雪纷其无垠兮，云霏霏而承宇。

哀吾生之无乐兮，幽独处乎山中。

吾不能变心而从俗兮，固将愁苦而终穷。

接舆[2]髡首兮，桑扈[3]臝行。

忠不必用兮，贤不必以[4]。

伍子[5]逢殃兮，比干[6]菹醢。

与前世而皆然兮，吾又何怨乎今之人！

---

1 一本有“乃”字。

2 接舆：楚狂。

3 桑扈：隐士。

4 以：用也。以亦作目。

5 伍子：伍子胥。

6 比干：纣之叔父。

余将董道而不豫兮，固将重昏而终身！

乱曰：
鸾鸟凤皇，日以远兮。
燕雀乌鹊，巢堂坛兮。
露申辛夷，死林薄兮。
腥臊并御，芳不得薄兮。
阴阳易位，时不当兮。
怀信侘傺，忽乎吾将行兮！

此段屈原自言到溆浦以后，前路杳不可知，所以只能说那里是阒无人烟的猿狖所居之地。屈原心情越发沉重，他心中明白，自己的复返已经无望。所以“乘鄂渚”以下都是预想之词。在苦闷和寂寞的侵蚀下，屈原又想到了几位遭遇和自己相类的前贤。他们的处世态度是“接舆髡首”和“桑扈臝行”；“伍子逢殃”和“比干菹醢”。如果不选择装疯卖傻的逃避，就只有面对死亡。“乱曰”一段则纯粹以飞禽和植物为比喻的象征技巧书写。“鸾鸟凤皇”“露申辛夷”象征君子，“燕雀乌鹊”“腥臊杂草”比喻小人。且看语译的歌辞：

进入溆浦后有些彷徨，迷途中不知走向哪端！
深林既幽杳又黑暗，原来是猿狖居住的地方。
山峻高到掩蔽了阳光，峡谷下既多雨又昏暗。
霰雪纷纷地下个没完，云霭霏霏然四处弥漫。

哀痛我此生无乐可享，幽怨孤独地居处山中。
我既不能变心以从俗，固当愁苦而终生困穷。
接舆装傻把头发剃光，桑扈装疯把衣服脱光。
忠良不一定会被重用，贤能也不一定会繁昌。
伍子胥遭逢祸殃；比干被剁成了肉酱。
既然举前世而皆然，我又何怨乎当今皇上？
我还是依循正道绝不犹豫，当然再陷昏乱而幽昧终身。

尾声：
鸾鸟凤凰已愈飞愈远，
燕雀乌鹊却筑巢在高坛。
露申辛夷已枯死林中，
腥臊并用芳香成了糟粕。
阴阳方位互换时辰已不对，
怀信反遭失意，倏忽间我就要远行。

（七）悲回风

《悲回风》的写作时、地，朱熹《楚辞集注·辩证》以为应该是在屈原已到达了沅、湘之渊，投汨罗江前不久，王夫之《楚辞通释》以为“永诀之辞”。就内容观之，有“骤谏君而不听兮，重任石之何益”的句子，已明白提出赴死的决心。洪兴祖《补注》引《文选·江赋》注也说：“任石，即怀沙也。”故此篇应当作于《怀沙》之前。

《悲回风》以篇首三字为题。“回风”是回旋之风，比喻世事之多变，命运之坎坷。屈原在诗篇中三次引用彭咸以自况，一说：“夫何彭咸之造思兮，暨志介而不忘！”再说：“孰能思而不隐兮，照彭咸之所闻。”三说：“凌大波而流风兮，托彭咸之所居。”从“造思”（彭咸有了死的念头）到“所闻”（彭咸之死世人皆知）终而以“所居”（彭咸是投水而死）作结，将屈原选择自投汨罗江而死的心态，作了层次清楚的描写。所以我以为此篇是屈原对死亡的诠释。但篇末又说：“骤谏君而不听兮，重任石之何益。”似乎透露出诗人尚有一丝矛盾与迟疑。所以此篇应作于《怀沙》之前。《悲回风》善用联绵词，音韵铿锵，调子幽怨，感人至深。纯然是高度艺术技巧的表现。且看原文第一段：

悲回风之摇蕙兮，心冤结而内伤。
物有微而陨性兮，声有隐而先倡。
夫何彭咸之造思兮，暨志介而不忘！
万变其情岂可盖兮，孰虚伪之可长！
鸟兽鸣以号群兮，草苴比而不芳。
鱼葺鳞以自别兮，蛟龙隐其文章。
故荼荠不同亩兮，兰茝幽而独芳。
惟佳人[1]之永都兮，更统世而自贶[2]。

1 佳人：君子，指彭咸，或屈原自况。
2 贶：比也。

眇远志之所及兮，怜浮云之相羊。
介眇志之所惑兮，窃赋诗之所明。
惟佳人之独怀兮，折若椒以自处。
曾歔欷之嗟嗟兮，独隐伏而思虑。
涕泣交而凄凄兮，思不眠以至曙。
终长夜之曼曼兮，掩此哀而不去。
寤从容以周流兮，聊逍遥以自恃。
伤太息之愍怜兮，气于邑而不可止。
纠思心以为纕兮，编愁苦以为膺。
折若木以蔽光兮，随飘风之所仍。

此段屈原以回风之摇蕙引发伤痛之感，也凸显了生命的纤细和脆弱。继而反复陈述伤痛之所由来，在于不能和世俗同流合污。诗中第一次提出："夫何彭咸之造思兮，暨志介而不忘！"即表示他对彭咸萌生死亡的念头（造思），一直耿耿于怀，挥之不去。此段的语译是：

悲叹回旋的逆风摇落了蕙草，我的心也随着冤结感伤。
物因生命的微渺而遭陨落，声虽隐匿却能引起巨大的回响。
何以彭咸会萌生死亡的念头？我始终耿耿于怀而永生难忘。
万变反复的内心岂能掩盖？哪有虚伪的情意可以久长？
鸟兽的鸣叫是为呼朋引伴，鲜草和枯草混杂是会失去芳香。
鱼类整理着鳞片自我炫耀，蛟龙就只好隐藏其文章。
所以苦荼和甜荠不可同亩，兰茝必须幽僻而孤芳自赏。

唯有佳人永远地美丽，虽经世代更替仍以美貌自况。
渺远的心志将如何达成，可怜地像浮云般飘荡。
为了显扬高远心志的迷惘，我写下这首诗以表明。
我单独地怀思着佳人，还折下杜若和申椒以自处。
一再地嘘唏与叹息，虽孤独隐藏仍旧不停思虑。
眼泪不断地落下，烦乱的思绪使我失眠到天曙。
度过了漫漫长夜，悲哀却始终排解不去。
醒来后从容地四处走走，姑且游戏以自我欢娱。
伤心叹息而独自怜惜，胸中的郁悒之气却不能平息。
把思念扭结成佩囊，把愁苦编织成胸膺，
折若木以掩蔽阳光，随着飘风而游荡。

《悲回风》的第二段：

存髣髴而不见兮，心踊跃其若汤。
抚珮衽以案志兮，超惘惘而遂行。
岁曶曶其若颓兮，时亦冉冉而将至。
薠蘅槁而节离兮，芳以[1]歇而不比。
怜思心之不可惩兮，证此言之不可聊。
宁溘死而流亡兮，不忍为此之常愁。
孤子吟而抆泪兮，放子出而不还。
孰能思而不隐兮，照彭咸之所闻。

1 以：已也。

此段则刻画出屈原面对死亡时内心的激动。死亡的感觉就像眼前逐渐黑暗；而内心激动如沸汤；死亡就像心平气和地走向超时空的无尽长廊；死亡就像蘋蘅枯萎，生命的气息消散。当然彭咸死亡的讯息就像屈原昭告世人的讣闻。朗读译文，将更能体会屈原的心境。

眼前的景象已黯然一片，内心的激动却踊跃如沸汤。

抚弄着珮衽以按抑心志，超越过怅惘的时空走向前方。

岁月匆匆地随着太阳下坠，终老的期限也渐渐地来临。

蘋蘅已枯槁而凋零，香气也离散而衰竭。

可怜我的思念仍不休止，证明我所言的不苟且浮虚。

宁愿一死或流亡远方，也不忍再为此而永无止境地哀伤。

孤儿呻吟着擦拭眼泪，放臣遭斥逐而不得还乡。

谁能想到此而不隐隐作痛，我明白了彭咸所以有此令誉美闻。

《悲回风》的第三段：

登石峦以远望兮，路眇眇之默默。

入景响之无应兮，闻省想而不可得。

愁郁郁之无快兮，居戚戚而不可解。

心鞿羁而不形兮，气缭转而自缔。

穆眇眇之无垠兮，莽芒芒之无仪。

声有隐而相感兮，物有纯而不可为。
藐蔓蔓之不可量兮，缥绵绵之不可纡。
愁悄悄之常悲兮，翩冥冥之不可娱。
凌大波而流风兮，托彭咸之所居。
上高巖之峭岸兮，处雌蜺之标颠。
据青冥而摅虹兮，遂倏忽而扪天。
吸湛露之浮源兮，漱凝霜之雰雰。
依风穴以自息兮，忽倾寤以婵媛。
冯昆仑以瞰雾兮，隐岷山[1]以清江。
惮涌湍之磕磕[2]兮，听波声之汹汹。
纷容容之无经兮，罔芒芒之无纪。
轧洋洋之无从兮，驰委移之焉止。
漂翻翻其上下兮，翼遥遥其左右。
泛潏潏其前后兮，伴张弛之信期。
观炎气之相仍兮，窥烟液之所积。
悲霜雪之俱下兮，听潮水之相击。
借光景以往来兮，施黄棘[3]之枉策。
求介子之所存兮，见伯夷之放迹。
心调度而弗去兮，刻着志之无适。
曰[4]：吾怨往昔之所冀兮，悼来者之悐悐。

1 岷：一作岐。
2 磕磕：水石相击声。
3 黄棘：棘刺。
4 曰：或以为语词。

浮江淮而入海兮，从子胥而自适。

望大河之洲渚兮，悲申徒之抗迹。

骤谏君而不听兮，重任石之何益。

心絓结而不解兮，思蹇产而不释。

此段篇幅较前两段长，对死亡的描述也更多样化。屈原想象死亡像攀登石峦，远望着黑暗，死亡像进入一种影响无应的空无的境界……从下段译文中，可以一一浏览。此段第三次提到彭咸时，屈原明白地说："凌驾着大波随风而去，寄托于彭咸的故居。"死志已定。此段出现很多联绵词，像一串串风铃，在微风中摆荡……

攀登上石峦以远望，道路是渺远而幽暗。

进入到影响了无回应的世界，连耳闻、目视和心想也不可得。

忧愁郁结而毫无快乐，思念悲戚而无法开释。

心胸纠结而无从舒展，呼吸不畅而缠结郁闷。

天地是肃穆幽渺无边无垠，穹苍是空旷迷茫无与伦比。

声音纵然微弱也能相互感应，物性各有纯粹的本质不可勉强。

事理是邈远漫涣到不可丈量，思绪是细微绵密到不可缠纡。

忧愁总是悄悄地缠绕着你，纵想翩然远逝也无所欢娱。

凌驾着大波随风而去，寄托于彭咸的故居。

攀爬上高岩的峭岸，居处在雌蜺的标颠。
凭据着青暝抒布出一道彩虹，倏忽间我扪抚到苍天。
吸一口微微凉意的澄露，漱一口洁白松软的薄霜。
原想依倚着风穴稍息，忽然一翻身又惊醒而陷入悲伤。
攀登上昆仑鸟瞰云雾；隐扶着岷山以清涤大江。
惊惧着汹涌湍流的磕磕声响，倾听着波声的汹汹。
水势纷乱的变化没有一定，水势浩大的场景无纲无纪。
倾轧浩瀚的水流从何而来？奔驰激荡的水流何处休止？
漂浮翻腾忽上忽下，疾趋摇摆忽左忽右，
泛滥涌现忽前忽后，伴随着一张一弛的一定节奏。
观察着炎气的相因不已，窥视着烟液的不时凝积。
悲叹霜雪的一时俱下，倾听潮水的相互撞击。
借用有限的光阴奔驰往来，拿着黄棘的弯曲马鞭挥舞。
追寻介子推焚死的故里，见见伯夷放逐的遗迹。
内心再三地思量仍无法排解，想刻意专注却不知所适。
若说：我还怨恨着往昔的冀求，又追悼着未来的利益。
我宁可顺江淮而漂浮入海，追随着伍子胥以顺适我意。
眺望着大河中的洲渚，悲悯申徒狄高尚的行迹。
屡次的谏君都不被听信，怀抱重石又有何益？
内心依然牵挂而不得开展！思绪还是纠结而不能解释。

（八）惜往日

《惜往日》篇的创作时间，朱熹以为与《悲回风》相近。

因为篇末有“不毕辞而赴渊兮”句，所以蒋骥《山带阁楚辞注》说：“惜往日，恐怕是灵均（屈原）的绝笔吧？屈原既无法活着感动国君，就只能以死来感悟了。此即世所谓孤注呀！”其实，蒋骥的说法纯属臆测，因为该句的下文说：“惜壅君之不识。”又篇中亦有“临沅湘之玄渊兮，遂自忍而沉流。卒没身而绝名兮，惜壅君之不昭”等充满期待国君省悟的言辞。但篇中所用的措辞，如“沉流”“绝名”“死亡”“子胥死”“立枯”“死节”“溘死”“赴渊”等皆与死亡相关，其写作时间，当在绝笔《怀沙》之前不久。

《惜往日》以篇首三字为题。临死之前，屈原的情绪反而趋于平静。于是一幕幕往事又浮现于脑际。所以这一篇的文字与《史记·屈原列传》可以相互参照。全篇运用了不少法律的语汇，如“明法度之嫌疑”“国富强而法立”“属贞臣而日娭”“弗参验以考实”“弗省察而按实”等，也凸显屈原对法家思想的修养。且看原文第一段：

惜往日之曾信兮，受命诏以昭诗[1]。
奉先功以照下兮，明法度之嫌疑。
国富强而法立兮，属贞臣而日娭。
秘密事之载心兮，虽过失犹弗治。
心纯庬而不泄兮，遭谗人而嫉之。
君含怒而待臣兮，不清澂其然否。

1　诗：一作“时”。

蔽晦君之聪明兮，虚惑误又以欺。
弗参验以考实兮，远迁臣而弗思。
信谗谀之溷浊兮，盛气志而过之。
何贞臣之无罪兮，被离谤而见尤。
惭光景之诚信兮，身幽隐而备之。
临沅湘之玄渊兮，遂自忍而沉流。
卒没身而绝名兮，惜壅君之不昭。

此段屈原追忆往日曾受怀王信任，委以重任。然怀王弗参验考实，致遭谗人所陷，虽萌生死志，仍恐怀王不察。此段的语译如下：

惋惜往日也曾被君王信任，受诏命以宣导时政。
遵奉先王的功业以训示百姓，明辨法令制度以断决嫌疑。
国家的富强在于法治，委政于贞臣就不必一人劳心劳力。
秘密大事让我参与，纵使我谏言激烈也不会被惩治。
由于个性的敦厚又会保密，才遭到谗人的嫉妒。
君王含怒来对待臣子，也不清查事实的真相是否如此。
蒙蔽了国君的耳聪目明，又被虚假错误的言语所欺。
也不去参验考实一下，就远迁了臣子不加深思。
听信了谗谀的污浊言语，盛气凌人地将我辱骂。
为何贞臣本就无罪，却遭到诽谤与斥责？
害得我羞惭不敢面对光明，纵使藏身在幽暗中也戒慎恐惧。

面临着沅湘的深渊，真想忍一下就自寻短见。

最后人死了名也没了，可惜被壅蔽的国君还是真相不明。

《惜往日》第二段：

君无度而弗察兮，使芳草为薮幽。
焉舒情而抽信兮，恬死亡而不聊。
独鄣壅而蔽隐兮，使贞臣为无由。
闻百里之为虏兮，伊尹烹于庖厨。
吕望屠于朝歌兮，甯戚歌而饭牛。
吴信谗而弗味兮，子胥死而后忧。
介子忠而立枯兮，文君寤而追求。
封介山而为之禁兮，报大德之优游。
思久故之亲身兮，因缟素而哭之。
或忠信而死节兮，或訑谩而不疑。
弗省察而按实兮，听谗人之虚辞。
芳与泽其杂糅兮，孰申旦而别之？

此段屈原又再援引古史以表明君臣相待的道理。像“百里奚”“伊尹”“吕望”“宁戚”“伍子胥”“介之推”等。某些人物在《离骚》中屈原也曾提及，而此段中，屈原最推崇的就是介之推，他用了较多的文辞叙述；介之推烧死（立枯）在介山之后，晋文公才觉悟，恐怕也是屈原对君王的最后一次提醒。译文如下：

国君既无法度又不省察，会让芳草也陷进了幽昧的沼泽。

如何舒展心情表达我的诚信？就此悄悄地死去也不苟且偷生。

孤单地被阻碍和掩蔽，使贞臣也走投无路。

百里奚曾经做过奴隶，伊尹善于烹饪掌厨；

吕望在朝歌是个屠夫，宁戚唱着歌儿喂牛。

如果不是遇上汤武与桓穆，世上谁会知道他们是最好的佐辅。

吴王夫差听信谗言不加玩味，伍子胥死后他才担忧。

介之推忠而被焚，晋文公才觉悟而追求。

封介山为之禁火，回报他的大德宽容优游。

每思念起这位随侍身边的故旧，就会穿起丧服而痛哭。

有人忠信而死于守节，有人欺瞒而重用不疑。

由于不省察而考核实情，才会听信了谗人的虚伪假话。

芬芳和汗泽杂糅在一起，谁又能在一夜之间将它们区别？

《惜往日》的第三段：

何芳草之早殀兮，微霜降而下戒。

谅聪不明而蔽壅兮，使谗谀而日得。

自前世之嫉贤兮，谓蕙若其不可佩。

妒佳冶之芬芳兮，嫫母[1]姣而自好。
虽有西施之美容兮，谗妒入以自代。
愿陈情以白行兮，得罪过之不意。
情冤见之日明兮，如列宿之错置。
乘骐骥而驰骋兮，无辔衔而自载；
乘泛泭以下流兮，无舟楫而自备。
背法度而心治兮，辟与此其无异。
宁溘死而流亡兮，恐祸殃之有再。
不毕辞而赴渊兮，惜壅君之不识。

此段屈原重申他早已洞察必遭谗佞所害，但仍愿以死明志，然令他牵挂的还是唯恐壅君不识。他提到了“壅君”，不管“壅”字从哪个角度解释，都有贬低的意味，显然屈原死志已明，其他也就不在乎了。译文如下：

为何芳草会这么早就凋谢，在微霜降临时已有了警戒。
实在是你听不清才被壅蔽，使得谗谀愈来愈得意。
从来贤人就常遭嫉妒，说蕙草杜若不可佩饰。
妒忌佳丽的美艳与芬香，嫫母打扮后自以为非常美丽。
纵有西施般的美貌，谗妒的人也能取代。
想要陈情并自我表白，遭到斥逐完全出乎我的意料。
冤情已愈来愈明白，就像天上星宿般的措置。

1 嫫母：丑也。一曰：黄帝之妻，貌甚丑。

乘着健马骐骥驰骋，却不用辔衔而任其狂奔，
驾着竹筏顺流而下，却不用船桨而随它漂荡。
违背了法度而独断治国，就跟这些譬喻无异。
宁可一死而流亡，是害怕祸殃的再来。
如果不把话说完就沉渊，又怕国君被壅蔽而永不明白。

（九）怀沙

《怀沙》篇应为“绝笔”。《史记·屈原列传》在载录《怀沙》全文后即说：“于是怀石，遂自投汨罗以死。”而且篇中还有“舒忧娱哀兮，限之以大故”和“知死不可让，愿勿爱兮，明告君子，吾将以为类兮”，都是一种坚决的誓死语气。篇中又说：“滔滔孟夏兮，草木莽莽。伤怀永哀兮，汩徂南土。”王逸《楚辞章句》以为“孟夏”是农历四月。在时间上，与《荆楚岁时记》和《续荆楚岁时记》所说：屈原以五月五日投汨罗而死的日子，已相去不远。在《九章》各篇中，《怀沙》的命题方式，与《哀郢》《涉江》是同一类型，“郢”“江”既为地名，则“沙”当亦地名。据蒋骥《山带阁楚辞注》说，“沙”即今长沙府湘阴县汨罗江所在，就在洞庭湖的南方。

《怀沙》篇既为“绝笔”。屈原的情绪反而显得格外冷静。这可能是他在人世间的最后一段时光，所以他对出发前的时间和周遭的景物，记忆得格外清晰。歌辞中起句就点出：阳气蓬勃的孟夏四月，草木繁茂；也是自然界充满生机的时刻，自己却怀着伤痛和无尽的哀思，匆促地前往南土。全篇中只有

“限之以大故”和“知死不可让”两句才明白地提到死亡。原文第一段：

滔滔孟夏[1]兮，草木莽莽。
伤怀永哀兮，汩徂南土。
眴兮杳杳，孔静幽默。
郁结纡轸兮，离慜而长鞠。
抚情效志兮，冤屈而自抑。
刓方以为圜兮，常度未替。
易初本迪[2]兮，君子所鄙。
章画志墨兮，前图未改。
内厚质正兮，大人所盛。
巧倕不斲兮，孰察其拨正。
玄文处幽兮，蒙瞍[3]谓之不章；
离娄[4]微睇兮，瞽以为无明。
变白以为黑兮，倒上以为下。
凤皇在笯兮，鸡鹜翔舞。
同糅玉石兮，一概[5]而相量。

1 孟夏：农历四月。
2 “本迪”二字，《史记·屈原列传》作“不由”。
3 蒙瞍：盲者。
4 离娄：古明目者。
5 概：平斗斛之器。

此段屈原自述在孟夏之时，疾往南方，内心虽然郁结，仍不时反省自己的冤屈，症结在于世俗风气已黑白不分，上下倒置之所致。译文如下：

阳气蓬勃滔滔的孟夏四月，草木繁茂。
怀着伤痛和无尽的哀思，匆促地前往南土。
眼前瞬间一片幽杳，出奇地安静和沉默。
内心郁结又痛苦，遭遇的忧愍必将永难排除。
平抚着激情检核着心志，将冤屈尽量地压抑。
若要削方木成为圆木，我的常态还没废替。
若改变初志不由正道，又为君子所鄙弃。
彰显规划明示绳墨，我先前的计划从未改易。
内在敦厚本质端正，这正是大人君子所美盛。
如果巧倕不加斧斫，谁又能判断木材的斜正。
玄黑的文采放在暗处，蒙瞍当然说不够显著。
离娄只需微睇的景象，瞽以为不够明亮。
把白的说成黑，把上倒置在下；
凤凰关进了鸡笼，鸡鸭却到处飞舞。
就像玉石杂糅在一起，用同一的斗斛衡量。

《怀沙》的第二段：

夫惟党人鄙固兮，羌不知余之所臧。
任重载盛兮，陷滞而不济。

怀瑾握瑜兮，穷不知所示。
邑犬之群吠兮，吠所怪也。
非俊疑杰兮，固庸态也。
文质疏内兮，众不知余之异采。
材朴委积兮，莫知余之所有。
重仁袭义兮，谨厚以为丰。
重华[1]不可牾兮，孰知余之从容！
古固有不并兮，岂知其何故？
汤禹久远兮，邈而不可慕。
惩连[2]改忿兮，抑心而自彊。
离慜而不迁兮，愿志之有像。
进路北次兮，日昧昧其将暮。
舒忧娱哀兮，限之以大故。

乱曰：
浩浩沅湘，分流汩兮。
修路幽蔽，道远忽兮。
曾吟恒悲，永叹慨兮。
世既莫吾知，人心不可谓兮。
怀质抱情，独无正兮。
伯乐既没，骥焉程兮？

---

1 重华：舜名。
2 连：《史记·屈原列传》引文作“违”，有蓄怨之意。

万民之生，各有所错兮。

定心广志，余何畏惧兮？

曾伤爰哀，永叹喟兮。

世溷浊莫吾知，人心不可谓兮。

知死不可让，愿勿爱兮。

明告君子，吾将以为类兮。

此段屈原自言己之才德固为谗人所嫉妒，且又不逢明君，所以自知死亡的必将来临。诗中以“邑犬之群吠”来比喻谗谀小人的当道，骂得最为痛快。“乱曰”是诗歌的总结。屈原将前文作了一篇缩写，结构和内容都极类似，只是具体而微。《九章》各篇的“乱曰”中，此篇最为典范。译文如下：

想起楚国的党人真是鄙陋又顽固，又怎么会知道我的美善。

责任沉重负担盛多，已压得我陷滞而无法站起。

虽然怀着瑾握着玉，却潦倒得不知向谁展示。

村里的狗所以狂吠，是因为它总觉得别人怪异，

诽谤才俊猜疑英杰，这本来就是世俗的常态。

外表朴实内在木讷，众人又怎能知道我的特异文采。

像堆积了粗壮的木材，却没人知道那是我的所有。

重重的仁层层的义，将谨慎和敦厚作为伟绩丰功。

重华已经无从相遇，谁还能了解我的举动。

古来就有圣君贤臣不并时而生，岂知道那是什么缘故？

汤禹的盛世已然久远，远得让人无从思慕。

停止住怅恨排遣愤怒，抑制住心志而自求多福。
遭遇忧悯也不迁移，但愿我的心志能成为后世的楷模。
前行了一段路后我停留在北岸，日色已渐渐地昏暮。
想要抒发忧思排遣哀愁，可是大限已随即光顾。

尾声：
水势浩浩的沅、湘，分流奔逐，
前途幽蔽，道路更悠远而缥缈，
怀着厚质抱着忠情，孤独而无伴侣，
伯乐既殁，又有谁能衡量骐骥？
万民的命运各有上苍的安置，
定下心宽宽意，我还有什么好畏惧？
重重伤痛声声哀怨，永无止息地喟叹。
溷浊的俗世已没人能了解我，人心更无从劝说，
我明知死亡已无能回避，我又何必珍惜，
明白地告诉君子，我就要去追随你。

陆

神话传说的渊薮——《天问》

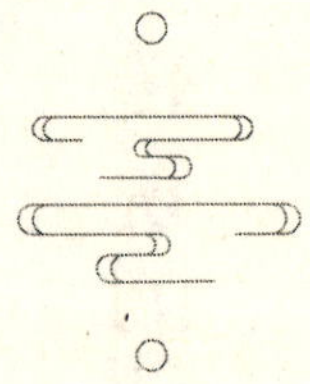

一、《天问》是呵壁之作

《天问》是屈原作品中很奇特的篇章。他连续问了一百七十二个问题，上自天文，下至地理，中及人事，而且许多看似相近的人与事，却又问得不连贯，所以《天问》的内容不是段落分明，自然本篇的叙述层次与结构，也与他篇不同。而且读《天问》的目的，将不是欣赏文辞之美，而是探索屈原在呵壁时，问了多少神话。

王逸《楚辞章句·天问序》中，肯定了《天问》是屈原放逐中，在楚国先王的宗庙以及公卿祠堂休息时，仰头看见墙壁上有许多天地山川的神灵以及古圣先贤或怪物的壁画，一时兴起，就问了许多问题，以宣泄愤懑，纾解愁思。楚国的人民怀念屈原，就把墙壁上的问话记录下来。因为是多人记录的手笔，所以文义比较没有次序。

至于篇名为什么叫“天问”？王逸是汉代人，比较尊奉天道，所以他说：本该叫“问天”，但天太尊贵了，不敢问，所以就改成“天问”。近人游国恩等所撰的《楚辞集释·天问解题》大意则说："《天问》是举凡天地间一些现象事理以为问，犹今人说：自然界一切之问题。"游氏的说法，是脱离了汉儒尊天之观念，纯粹从字义加以解释，比较契合现代人的想法。他更进一步从词汇的类比来解读，像"素问"是黄帝对医学所提出的问题。

至于该篇之命题至少在司马迁《史记·屈原列传》中，已经明白提到："我读了《离骚》《天问》《招魂》《哀郢》，悲痛屈原的心志。前往长沙，看到屈原所自沉的深渊，未尝不感动垂涕，而想见一见屈原的为人。"可见其时，《天问》已然成篇。

再翻检《昭明文选·鲁灵光殿赋》正是一篇叙述"鲁灵光殿"上图画天地万物品类的赋篇[1]。鲁灵光殿为汉景帝程姬之子恭王余所建立。赋篇作者王文考就是王逸的儿子王延寿。该殿既图画天地万物于壁，则屈原呵壁而作《天问》应为可能。

1《昭明文选·鲁灵光殿赋》：图画天地，品类群生。杂物奇怪，山神海灵。写载其状，托之丹青。千变万化，事各缪形。随色象类，曲得其情。上纪开辟，遂古之初。五龙比翼，人皇九头。伏羲鳞身，女娲蛇躯。鸿荒朴略，厥状睢盱。焕炳可观，黄帝唐虞。轩冕以庸，衣裳有殊。下及三后，淫妃乱主。忠臣孝子，烈士贞女。贤愚成败，靡不载叙。恶以诫世，善以示后。

二、《天问》的语译和神话传说

《天问》的第一段，设问天地创始及各种自然现象，是先民对自然界懵懂的认知，但却也可以从中得知上古传说中的宇宙论。原文和语译对照如下：

曰：
遂古之初，谁传道之？
上下未形，何由考之？
冥昭瞢闇，谁能极之？
冯翼惟像，何以识之？
明明闇闇，惟时何为？
阴阳三合，何本何化？
（以上问天地之形成。）
圜则九重，孰营度之？
惟兹何功，孰初作之？
斡维焉系？天极焉加？

八柱何当？东南何亏？
九天之际，安放安属？
隅隈[1]多有，谁知其数？
天何所沓？十二焉分？
日月安属？列星安陈？
出自汤谷，次于蒙汜。
自明及晦，所行几里？
夜光何德，死则又育？
厥利维何，而顾菟在腹？
（以上问天体之构造。）
女歧无合，夫焉取九子？
伯强何处？惠气安在？
（以上问女歧和伯强。）
何阖而晦？何开而明？
角宿未旦，曜灵安藏？
（以上问晦明。）

话说：
往古宇宙形成之初，是谁传述了这一切？
上天下地还没成形，是如何考察而得知？
幽明之理懵懂难晓，谁又能彻底地了解？
虚无形象冯冯翼翼，又如何辨识其形貌？

1　隅隈：指天的角隅。

明明暗暗更迭推移，这分际是谁所作为？
阴阳三合而生天地，何所本源何所化生？
（以上问天地之形成。）
天体圆形又有九重，是谁所经营与度量？
这种成就功力如何？最初的创造者是谁？
天体转动如何维系？天体八极如何覆盖？
八山为柱何所植基？地倾东南何以亏缺？
天有九重九个边际，如何安置如何附属？
天有九野隅隈众多，谁能知道它的数目？
天体何处与地会合？十二时辰如何划分？
日月运行如何系属？星辰众多何处陈列？
日出东方旸谷之中，日暮西极蒙水之涯，
从天明到夜色晦暗，所行究竟多少里路？
月亮夜光何德何能？居然死了还能复生。
月亮之中有何好处？而顾兔竟藏在其中。
（以上问天体之构造。）
神女女歧没有婚嫁，如何生下九个孩子？
厉鬼伯强居住何处？惠气调和又在哪里？
（以上问女歧和伯强。）
关闭什么天就暗晦？打开什么天就明亮？
东方角宿尚未出现，太阳曜灵如何躲藏？
（以上问晦明。）

（一）月兔神话：此段中有“夜光何德，死则又育？厥利维何，而顾菟在腹”的诘问。前二句是古人对月亮缺而复圆的质疑。后二句中的“顾菟在腹”，则是“月中有兔”神话的最早传说。宋代洪兴祖《补注》：“菟”与“兔”同。所以称“顾菟”，是“顾”有“望”的意思，即如《博物志》大意是说：“兔子望着月亮就会怀孕，生育时从口中把小兔子吐出来。”所以兔子也称“顾兔”。及至汉代《相和歌辞·董逃行》有：“采取神药若木端，白兔长跪捣药虾蟆丸。”[1]晋代傅玄《拟天问》也说：“月中有何？白兔捣药。”[2]傅玄《歌词》又说：“兔捣药月间安足道！神鸟戏云间安足道！”[3]已将“月中有兔”的简单情节，又增添了“捣药”的动作。近人闻一多《天问释天》则以为：“盖蟾蜍之蜍与兔音易混，蟾蜍变为蟾兔，于是一物析为二名。”而《淮南子》中，又与嫦娥扯上关系。大意是说：“羿请不死之药于西王母，羿妻嫦娥窃之以奔月，托身于月，是为蟾蜍，而为月精。”[4]于是“月兔”又成了“嫦娥”。

（二）女歧神话：此段中有“女歧无合，夫焉取九子”的诘问。王逸注：“女歧，神女无夫而生九子。”女子无夫婚合而生下了九个孩子，除非是表示神的旨意外，它也可能意谓某些道德戒律，所谓女子无夫而生子是不守妇道的行为。或者是母系社会中，但知其母不知其父的社会现象。丁晏《天

1 见《乐府诗集》三四卷。
2 见《太平御览》卷四引。
3 见《初学记》卷二九引。
4 见《初学记》卷一引。

问笺》则以为，“女歧”或称九子母。也就是《玄中记》中所说，一名“天帝少女”的姑获鸟。这只鸟穿上羽毛变成鸟，脱下羽毛就又会变为女人。她自己无子，喜欢夺取人家的孩子以为己子。丁氏在文义的解释上，将“取”作“夺取”解释，和王逸的诠释角度不同。

（三）伯强神话：此段中有“伯强何处？惠气安在”的诘问。“伯强”，王逸注：“伯强，大厉疫鬼也。所至伤人。”王夫之《楚辞通释》和闻一多《天问释天》都以为是风神又兼海神的“禺彊（强）”。它的形貌，《山海经·海外北经》描绘得最为具体；是人面鸟身，耳朵上挂着两条青蛇，脚上踏着两条赤蛇。

第二段，从夏代鲧禹的治水史实叙起，治水中不免引发许多对与地理形势有关的神话、传说的诘问。洪水传说是许多民族在人类诞生或地球灾变中最常见的神话故事。原文和语译对照如下：

不任汩鸿，师何以尚之？
佥曰何忧，何不课而行之？
鸱龟曳衔，鲧何听焉？
顺欲成功，帝何刑焉？
永遏在羽山，夫何三年不施[1]？

1　施：一作“弛”。

伯禹愎[1]鲧，夫何以变化？
纂就前绪，遂成考功。
何续初继业，而厥谋不同？
洪泉极深，何以寘之？
地方九则，何以坟之？
河海应龙，何尽何历？
鲧何所营？禹何所成？
康回冯怒，坠何故以东南倾？
（以上问鲧与禹的治水。）
九州安错？川谷何洿？
东流不溢，孰知其故？
东西南北，其修孰多？
南北顺椭，其衍几何？
昆仑县圃，其尻安在？
增城九重，其高几里？
四方之门，其谁从焉？
西北辟启，何气通焉？
（以上问地理形势。）
日安不到？烛龙何照？
羲和之未扬，若华何光？
何所冬暖？何所夏寒？
（以上问日与寒暖。）

1　愎：一作“腹”。

焉有石林？何兽能言？
焉有虬龙、负熊以游？
雄虺九首，倏忽焉在？
何所不死？长人何守？
靡蓱九衢，枲华安居？
灵蛇吞象，厥大何如？
黑水玄趾，三危安在？
延年不死，寿何所止？
鲮鱼何所？鬿堆焉处？
羿焉彃日？乌焉解羽？
（以上问各种奇异植物及动物。）

不委任鲧治理洪水，众人何以都推荐他？
大家都说何必担忧，何不试试他的能力？
鸱鸟乌龟曳尾相衔，鲧为什么听信他们？
如果顺利治水成功，尧帝又怎么会求刑？
鲧长期弃绝在羽山，为何三年不舍其罪？
伯禹是鲧腹育成人，何以禹能有所变化？
继承完成前人志业，终于达成父亲事功。
何以继续同样事业，而谋略却完全不同？
洪水渊泉极为深大，如何才能填塞堰平？
土地方圆九州九等，又如何能将它划分？
河海中的有翼应龙，如何尽力如何经历？
鲧治水是何所经营？禹治水又何能功成？

共工康回勃然大怒，大地何以东南倾移？
（以上问鲧与禹的治水。）
九州博大如何安置？川谷众多如何浚深？
河水东流永不满溢，谁知道是什么缘故？
东南西北方位各异，它的长度哪方较多？
南北方向形状圆椭，两者的幅度有几何？
昆仑之山其巅县圃，它的基础坐落何处？
昆仑之墟增城九重，它的高度又有几里？
昆仑之旁四方之门，又都是让谁在出入？
昆仑西北门户开启，又让哪些气流通过？
（以上问地理形势。）
什么地方太阳不到？烛龙又是如何照耀？
日御羲和尚未起航，若木之花何能发光？
什么地方冬天温暖？什么地方夏天酷寒？
（以上问日与寒暖。）
什么地方石柱成林？什么野兽能够说话？
什么地方有只虬龙，竟能背负大熊遨游？
雄性蛇虺一身九首，往来倏忽不知焉在？
什么地方长生不死？千仞长人为何把守？
蔓生浮萍九重枝衢，枲麻之花长在哪里？
一条巨蛇能够吞象，躯体之大究竟如何？
长生黑水永寿玄趾，不死三危究竟何在？
凡此三处延年不死，寿命将何时才穷止？
人面鲮鱼栖息何所？食人鬿雀又住何处？

羿如何能射弹太阳？乌鸟怎么解脱毛羽？

（以上问各种奇异植物及动物。）

（一）应龙神话。此段中有“河海应龙？何尽何历”的诘问。“应龙”神话，王逸《章句》说：“禹治水时有神龙以尾画地导水。”《山海经》的《大荒东经》和《大荒北经》中都提到“应龙”。大致说：应龙原处于南极。当蚩尤兴兵攻伐黄帝时，黄帝就命令应龙与蚩尤大战于冀州之野。应龙蓄水，蚩尤请风伯、雨师，纵大风雨。黄帝于是降下天女“魃”，雨就停止，终于杀了蚩尤。魃却不能再上天了，它所在的地方就不再下雨。干旱时就图画应龙的状貌（有翼），就会下大雨。应龙一睁开眼睛就会日出，一闭上眼睛就会日落。

（二）康回神话。此段中有“康回冯怒，坠何故以东南倾”的诘问。王逸注：“康回，共工名。”见《淮南子·天文篇》，大意是说：“从前，共工和颛顼争立为帝，共工愤怒了，就去触动不周之山，结果，顶天的柱子折断了，撑着土地的纲维断绝了。天往西北倾斜，于是天上的日月星辰往西北移动了；东南方的土地填不满，所以大水和尘埃都归向东南。”[1]

（三）烛龙神话。此段中有“日安不到？烛龙何照”的诘问。“烛龙”神话，见《山海经·大荒北经》，大意是说：“西北海之外，赤水之北，有座章尾山。有神，人面蛇身而赤色，眼睛是直的，眯成一条缝，它闭上眼就是黑夜，睁开

1　亦见《列子·汤问》。

眼就是白昼，不吃不睡也不休息，只吃风雨。它能洞烛九阴之地，它就是烛龙。”又《淮南子·坠形篇》也说：“烛龙在雁门北，躲避在委羽之山，不见天日，它的神状是人面龙身而没有脚。”

（四）羲和神话。此段中有“羲和之未扬，若华何光”的诘问。“羲和”之神话见《山海经·大荒南经》，大意是说：“东南海之外，甘水之间，有个国家叫羲和国，有个女子也名叫羲和，在甘渊正为太阳沐浴。羲和是帝俊的妻子，生下十个太阳。”郭璞注则说：“羲和大概是天地始生时，主掌日月的神。”《离骚》则说：“吾令义和弭节兮，望崦嵫而勿迫。”王逸注：“羲和、日御。”

（五）后羿射日神话。此段中有“羿焉彃日？乌焉解羽”的诘问。“羿射日”神话见《淮南子·本经篇》，大意是说：“大概到了尧的时代，十个太阳同时出现了，焦枯了禾稼，杀死了草木，而人民没有了食物。猰貐、凿齿、九婴、大风、封豨、修蛇都成了人民的祸害。尧于是派羿诛杀凿齿在畴华之野，杀了九婴在凶水之上，制伏了大风在青丘之泽，在上射掉了十个太阳，在下杀了猰貐，砍断了修蛇在洞庭，擒拿了封豨在桑林，万民都欢喜极了，就推崇尧为天子。”

（六）不死神话。此段中有“何所不死？长人何守”的诘问。王逸注引《河图·括地象》，大意是说：“有不死之国。长人就是长狄。”《山海经·海外南经》有“不死之国，阿姓。吃的是甘木”。“长人”也见《国语·晋语》，大意是说：“吴国攻伐越国，摧毁了会稽城，掘获一根大骨节，要用专车载……仲尼（孔子）说：‘从前，禹招致群臣到会稽之山，防风氏最后到，禹就把他杀了。’……有人问：‘防风的守护地在哪里呢？’仲尼说：‘他是汪芒氏的国君，守护在封嵎之山，为漆姓。在虞夏商为汪芒氏，在周为长狄，今为大人。’”《楚辞·招魂》也有“长人千仞，惟魂是索”的句子。

《天问》的第三段，叙述夏代的历史。夏禹虽治水有功，尧禅让天下，却也有小疵。启得天下，也曾引致有扈氏的不满。夷羿虽奉天帝旨意，革除夏民之忧，却也因行为逾越而遭寒浞所杀。其中唯鲧无罪，却与四凶并弃。屈原见而不平，是以咏叹。原文和语译对照如下：

禹之力献功，降省下土四方；
焉得彼涂山女，而通之于台桑？
闵妃匹合，厥身是继；
胡维嗜不同味，而快鼌饱？
（以上问大禹与涂山氏通夫妇之道。）
启代益作后，卒然离蠥，
何启惟忧，而能拘是达？
皆归射鞠，而无害厥躬。
何后益作革，而禹播降？
启棘宾商，《九辩》《九歌》。
何勤子屠母，而死分竟地？
（以上问夏后启与伯益争立。）

帝降夷羿，革孽夏民。
胡射夫河伯，而妻彼雒嫔？
冯珧利决，封豨是射。
何献蒸肉之膏，而后帝不若？
浞娶纯狐，眩妻爰谋。
何羿之射革，而交吞揆之？
（以上问夷羿与寒浞。）
阻穷西征，岩何越焉？
化为黄熊，巫何活焉？
咸播秬黍，莆雚是营。
何由并投，而鲧疾修盈？
（以上问鲧。）
白蜺婴茀，胡为此堂？
安得夫良药，不能固臧？
（以上问嫦娥奔月。）

禹以勤力献进其功，尧使省视下土四方；
怎么会遇见涂山女，通夫妇之道于台桑？
禹因忧心没有妃匹，可让后嗣得以相继；
何以又嗜欲不同味，而求餍饱一餐为快？
（以上问大禹与畬山氏通夫妇之道。）
启取代益成为国君，突然遭到忧心困顿，
何以启能心念忧困，以致在拘縶中脱身？

益之士卒皆授兵器[1]，所以启能无害其身。
何以启能更革后益？是禹治水降福后人。
启急于为天帝宾客，得到了《九辩》与《九歌》。
为什么勤禹之子启，竟杀母而躯体遍地？
（以上问夏后启与伯益争立。）
天帝降临东夷之羿，是为革除夏民之孽。
为什么去射伤河伯，而娶洛神宓妃为妻？
挟着弓弩套上射鞴，猎杀大猪以快其情。
为何献上祭肉之膏，天帝反而不顺他意？
羿相寒浞娶妻纯狐，惑于妻言共谋杀羿。
何以羿之射猎无度，竟会遭到交相吞灭？
（以上问夷羿与寒浞。）
险阻又窘困的西征，鲧是如何越过崄岩？
鲧死亡后化为黄熊，巫何以能让他复生？
鲧教百姓播种秬黍，又教他们耕耘莆莞；
为什么与四凶并弃，而以为鲧疾恶满盈？
（以上问鲧。）
白霓为裳珠宝饰颈，姮娥怎会来到祠堂？
为何羿获得此良药，却不能稳固地收藏？[2]
（以上问嫦娥奔月。）

1 据台静农《楚辞天问新笺》说。
2 据丁晏《天问笺》。

（一）启、禹的神话。此段中有“启棘宾商，《九辩》《九歌》。何勤子屠母，而死分竟地”的诘问。此诘问涉及两则神话。“启棘宾商”中的“棘”有“急”的意思。故事见《山海经·大荒西经》，大意是说：“西南海之外，赤水之南，流沙之西，有人耳朵上挂着两条青蛇，乘着两条龙，名叫夏后开。开（开即启。避汉景帝讳改）在天上做了三次上宾，得到了《九辩》和《九歌》的乐曲来到人间。”“勤子屠母”则是指禹的降生神话。禹勤于治水，所以称“勤子”。宋洪兴祖补注引干宝《搜神记》说：“禹的母亲修己，背部裂开而生下禹。”

（二）羿射河伯神话。此段中有“帝降夷羿，革孽夏民。胡射夫河伯，而妻彼洛嫔”的诘问。“羿射河伯”见王逸《楚辞章句》，大意是说：“河伯化为白龙，游于水旁。羿见了就用弓射他，射瞎了他的左眼。河伯上天向天帝告状说：‘替我杀掉羿。’天帝说：‘你是什么缘故被羿射瞎了左眼？’河伯说：‘我当时变成白龙在嬉游。’天帝说：‘叫你固守着神灵，羿又如何能侵犯你呢？你当时变成虫兽，当然会被人射伤了，这是你自找的。羿又有什么罪呢？’”王逸注还说：“羿又曾做梦和洛水的女神宓妃交接。”《昭明文选·洛神赋》李善注引《汉书音义》，大意是说：“宓妃是伏羲氏的女儿，溺死在洛水，成为神。”所以《天问》篇的诘问有怪罪后羿逾越本分的意思。意谓：“天帝降临东夷之羿，是为革除夏民之孽。为什么去射伤河伯，而娶洛神宓妃为妻呢？”

（三）鲧化黄熊神话。此段中有“阻穷西征，岩何越焉？化为黄熊，巫何活焉”的诘问。“鲧化黄熊”见《左传·昭公七年》，大意是说："从前尧殛杀了鲧在羽山，鲧的神灵就化为黄熊，而进入到羽渊。鲧成为夏代郊祀时的配祀，三代以来都如此。"

（四）白蜺婴茀神话。此段中有"白蜺婴茀，胡为此堂？安得夫良药，不能固臧"的诘问。据王逸注引《列仙传》，崔文子学仙于王子乔。子乔化为白蜺，而婴茀正拿着药给崔文子。崔文子一见白蜺，惊怪不已，就用戈击中白蜺，于是打翻了药，低头一看，却是王子乔的尸体。而丁晏《楚辞天问笺》则以为"白蜺婴茀"是指"姮娥"的服饰。"姮娥窃药"的神话，见《淮南子·览冥篇》，大意是说："羿从西王母要到了不死之药，姮娥偷了药，就逃往月亮。"

《天问》的第四段，此段屈原所诘问的，除了前段文字中有数则神话外，其余多为三代人物之史事传说。原文与语译对照如下：

天式从横，阳离爰死；
大鸟何鸣，夫焉丧厥体？
（以上问钟山神神话。或崔文子神话。）
蓱号起雨，何以兴之？
撰体协胁，鹿何膺之？
鳌戴山抃，何以安之？
（以上问雨师、风伯以及鳌载山抃神话。）
释舟陵行，何以迁之？

惟浇在户，何求于嫂？
何少康逐犬，而颠陨厥首？
女歧缝裳，而馆同爰止，
何颠易厥首，而亲以逢殆？
（以上问羿之子浇。）
汤谋易旅，何以厚之？
覆舟斟寻，何道取之？
桀伐蒙山，何所得焉？
妹嬉何肆，汤何殛焉？
（以上问汤、少康、桀、妹嬉。）
舜闵在家，父何以鳏？
尧不姚告，二女何亲？
（以上问舜与二妃。）
厥萌在初，何所亿焉？
璜台十成，谁所极焉？
（以上问纣筑璜台。）
登立为帝，孰道尚之？
女娲有体，孰制匠之？
（以上问女娲。）
舜服厥弟，终然为害。
何肆犬体，而厥身不危败？
（以上问舜与其弟象。）
吴获迄古，南岳是止。
孰期去斯，得两男子？

（以上问泰伯、仲雍。）

天体法则纵横多端，阳气离体终会死亡；
大鸟为何不停鸣叫，又怎么会丧亡形体？
（以上问钟山神神话或崔文子神话。）
雨师萍号呼风唤雨，为何能有偌大能力？
两个躯体双重肋胁，鹿如何领受此形体？
大鳌负载五山抃舞，又怎么会步伐安稳？
（以上问雨师、风伯以及鳌载山抃神话。）
浇能释水陆地行舟，又怎能使舟船迁移？
浇竟来到女眷内室，对嫂嫂有什么索求？
何以少康放犬逐兽，却袭浇而颠陨其首？
浇嫂女歧为浇缝裳，二人却同舍而共宿，
何以女歧掉了脑袋，竟然亲身遭此祸害？
（以上问羿之子浇。）
汤策划推翻夏朝时，上天何以待他独厚？
少康消灭斟寻之国，是用什么方法智取？
夏桀征伐蒙山之国，又掳获了什么战利？
妺嬉有何行为放肆？商汤为何将她处死？
（以上问汤、少康、桀、妺嬉。）
忧悯在家未能娶妻，舜父为何让他单身？
尧不告知舜的父母，二女怎么和舜成亲？
（以上问舜与二妃。）
意念在萌生之初始，如何加以揣测忆度？

璜玉之台其高十层，何人能极尽此事功？
（以上问纣筑璜台。）
女娲登立帝王之位，是谁所能引荐推崇？
女娲有自己的形体，又是谁所制造匠营？
（以上问女娲。）
舜宠爱娇惯其弟象，终于让象成为祸害？
何以象放肆如犬豕，却无从使舜身危败？
（以上问舜与其弟象。）
吴获得了终古之所，南岳就是居止之处。
谁会预期伯仲去国，竟让吴国得两男子！
（以上问泰伯、仲雍。）

（一）化为大鸟神话。此段中有“大鸟何鸣，夫焉丧厥体”的诘问。王逸注引《列仙传》，大意是说：“泰山崔文子学仙于王子乔，子乔化为白蜺，持药给崔文子，文子惊吓，就用戈击白蜺，打翻了药，低头一看，原来是王子乔的尸体。不久，王子乔化为大鸟飞走了。”与前段的“白蜺婴茀”相似。而蒋骥《山带阁注楚辞》引《山海经·西山经》，大意是说：“钟山之神叫鼓，和钦合力杀了葆江在昆仑山的南方。天帝生气了，就杀了两人。钦化为大鹗，叫声像晨鹄；鼓亦化为鵕鸟，声音像鹄。”

（二）雨师神话。此段中有“蓱号起雨，何以兴之”的诘问。“蓱号”为雨师。见干宝《搜神记》：“雨师，一曰屏翳，一曰号翳。”

（三）风伯神话。此段中有“撰体协胁，鹿何膺之”的诘问。王逸注以为是十二只神鹿，一身有八只脚，两个头。当指风伯。丁晏《楚辞天问笺》则引《三辅皇图》，大意是说：“飞廉是鹿的身躯，头像雀，上面长角，蛇的尾巴，豹的文彩。能招致风和云气。”

（四）鳌戴山抃神话。此段中有“鳌戴山抃，何以安之”的诘问。据《列子·汤问》，大意是说：“渤海的东方，不知几亿万里，有一个大沟壑，是个无底的深谷。它下面是没有底的，名叫归墟。八纮九野的溪水，天汉的河流，都注入此沟壑，它却不增也不减。沟壑中有五座山；一叫岱舆，二叫员峤，三叫方壶，四叫瀛洲，五叫蓬莱。这里的山，高下周旋三万里，它的山顶，平的地方就有九千里，山之中间相去七万里，相互是邻近又依赖的……但是五山的根部是不相连接的，常随着潮水波涛上下往还移动，不能暂时稳定。仙圣恨透了，就到天帝前诉苦，天帝生气了，把五座山漂流到西极，于是这群仙圣失去了居住的地方，天帝就命禺强使唤了十五只巨鳌，举起头来乘戴五座山，分成三次轮流，每六万年交替一次，五座山终于耸立起来了。而龙伯之国有个巨人，举足不到几步，就到了五山之所在，一钓就钓走了六只巨鳌，合起来都背回自己的国家，灼它们的骨来占卜，于是岱舆和员峤二座山就漂流到了北极，沉下了大海，仙圣们因而播迁的有数亿计，天帝暴怒，就把龙伯之国给灭了。”

（五）女娲神话。此段中有“登立为帝，孰道尚之？女娲有体，孰制匠之”的诘问。此二句均指“女娲”。女娲为古代氏族社会中母系制的遗迹，所以说她“登立为帝”，据郭璞注《山海经·大荒西经》说：“女娲是古代的神女而称帝的。她是人的脸，蛇的身躯，一天之中就有七十次变化。”又《风俗通》大意说：“天地刚开辟的时候，没有人民，女娲抟揉黄土做人，工作越来越多，靠劳力已经来不及供应，于是就用草绳在泥巴中裹，举起来都做成了人。”[1] 女娲既能造人，则女娲的躯体，不知何人所制？所以有此问。

第五段，《天问》篇自第三段起，即已问人事。但此一大段，所问人事最为杂乱。而其中也涉及几则人物的神话。原文和语译对照如下：

缘鹄饰玉，后帝是飨。
何承谋夏桀，终以灭丧？
帝乃降观，下逢伊挚。
何条放致罚，而黎服大说？
（以上问伊尹佐汤伐桀。）
简狄在台，喾何宜？
玄鸟致贻，女何喜？
（以上问帝喾与简狄。）
该[2] 秉季德，厥父是臧。
胡终弊于有扈，牧夫牛羊？

1 见《太平御览》卷七八引。
2 该：即王亥，殷先公王季之子。用王静安《古史新证》说。

干协时舞，何以怀之？

平胁曼肤，何以肥之？

有扈牧竖，云何而逢？

击床先出，其命何从？

恒秉季德，焉得夫朴牛？

何往营班禄，不但还来？

昏微[1]遵迹，有狄不宁。

何繁鸟萃棘，负子肆情？

眩弟并淫，危害厥兄。

何变化以作诈，后嗣而逢长[2]？

（以上问殷之王亥、王恒。）

成汤东巡，有莘爰极。

何乞彼小臣，而吉妃是得？

水滨之木，得彼小子。

夫何恶之，媵有莘之妇？

汤出重泉，夫何罪尤？

1　昏微：指昏庸之上甲微。

2　从“该秉季德”至“后嗣而逢长”一段，纪王亥、王恒及上甲微事。该即亥，季即冥。全段大意为：王季之二子，亥与恒为兄弟；亥秉王季之德，遂为其父所赞赏，却弊于有扈，放牧牛羊。王亥以干戚之舞，挑动有扈之女，貌虽平胁曼肤，却得女子为匹。时亥仅为有扈之牧竖，竟有缘与女子相逢。王亥遭击床刺杀之时，若非已先出，恐已被杀。其弟王恒，同样秉持季德，且复得亥所失之服牛，却为了营求班禄，不得全身而回。王亥之子上甲微遵先人之命，征伐有狄，却于繁鸟萃集之树下，与女子肆情。其弟同样淫逸，甚而为害其兄。所以屈原以如此变化作诈，竟能后嗣逢长为问。（参王国维《古史新证》《殷卜辞中所见先公先王考》及姜亮夫《屈原赋校注》等。）

不[1]胜心伐帝，夫谁使挑之？
（以上再问伊尹佐汤伐桀。）
会朝争盟，何践吾期？
苍鸟群飞，孰使萃之？
到击纣躬，叔旦不嘉，
何亲揆发，足周之命以咨嗟？
授殷天下，其位安施？
反成乃亡，其罪伊何？
争遣伐器，何以行之？
并驱击翼，何以将之？
（以上问周公佐武王伐纣。）
昭后成游，南土爰底，
厥利惟何，逢彼白雉？
（以上问周昭王南征。）
穆王巧梅，夫何为周流？
环理天下，夫何索求？
（以上问周穆王周游天下。）
妖夫曳衒，何号于市？
周幽谁诛？焉得夫褒姒？
（以上问周幽王与褒姒。）
天命反侧，何罚何佑？
齐桓九会，卒然身杀！

1　不：王引之以为衍文。

（以上问齐桓公。）
彼王纣之躬，孰使乱惑？
何恶辅弼，谗谄是服？
比干何逆，而抑沈之？
雷开阿[1]顺，而赐封之？
何圣人之一德，卒其异方？
梅伯受醢，箕子详狂！
（以上问商纣之信谗佞而杀忠良。）
稷维元子，帝何竺之？
投之于冰上，鸟何燠之？
何冯弓挟矢，殊能将之？
既惊帝切激，何逢长之？
（以上问后稷的诞生。）
伯昌[2]号衰，秉鞭作牧，
何令彻彼岐社，命有殷国？
迁藏就岐，何能依？
殷有惑妇，何所讥？
受赐兹醢，西伯上告，
何亲就上帝，罚殷之命以不救？
师望在肆，昌何识？
鼓刀扬声，后何喜？

1 阿：一作“何”。
2 伯昌：谓周文王。

武发杀殷，何所悒？
载尸集战，何所急？
（以上问文王之兴与武王之伐纣。）
伯林雉经，维其何故？
何感天抑坠，夫谁畏惧？
（以上问晋申生自杀。）
皇天集命，惟何戒之？
受礼天下，又使至代之？
（以上问朝代更迭之理，未有确指。）
初汤臣挚，后兹承辅；
何卒官汤，尊食宗绪？
（以上再问伊尹佐汤。）
勋阖梦生，少离散亡；
何壮武厉，能流厥严？
（以上问吴王阖庐。）
彭铿斟雉，帝何飨？
受寿永多，夫何久长？
（以上问彭祖长寿。）
中央共牧，后何怒？
蜂蚁微命，力何固？
（以上问诸国何以纷争。）
惊女采薇，鹿何祐？
北至回水，萃何喜？
（以上问伯夷、叔齐。）

兄有噬犬，弟何欲？

易之以百两，卒无禄？

（以上问秦景公及其弟公子针。）

伊尹凭借鹄羹玉盘，后帝商汤极为欣赏。

何以接受伊尹谋略，终于能把夏桀灭亡？

帝汤巡省四方民瘼，才在民间遇着伊尹。

何以放逐夏桀鸣条，而黎民皆诚服大悦？

（以上问伊尹佐汤伐桀。）

有娀简狄侍喾高台，怎能知她宜家宜室？

当玄鸟致送上礼物，简狄何以如此欣喜？

（以上问帝喾与简狄。）

王亥秉承王季盛德，其父王季大为赞赏。

何以终然困于有扈，以放牧牛只与羊群？

他时常执干戚舞蹈，何能挑动有扈之女？

他的体态肥胖润肤，怎能赢得女子为妃？

他只是有扈的牧竖，如何遇上有扈女子？

击床之时若非先出，他的性命何得保住？

王恒也是秉承季德，焉能复得亥的服牛？

何以能够营求班禄，却不能够全身而回？

微遵行先人之遗命，征伐有狄为之不宁。

在鸮鸮鸟栖止之棘下，何以竟与妇人淫逸？

昏眩弟弟同样淫逸，还危害到他的长兄。

为何如此变态虚假，后代也还是能久长？

（以上问殷之王亥、王恒。）

成汤亲临东境巡狩，到了有莘之国宿止。

何以乞得小臣伊尹，而又获娶吉善妃子？

伊尹生于水滨之木，有莘之人拾而得之；

为什么又厌恶伊尹，而将他送给有莘妇？

汤脱困离开了重泉，他到底犯了什么错？

不是汤任性讨伐桀，谁又让桀先行挑衅？

（以上再问伊尹佐汤伐桀。）

清晨会合争为盟主，为何定要实践期约？

将士有如苍鹰群飞，谁能够使他们萃集？

八百诸侯齐击商纣，周公旦并不以为喜；

何以亲自揆度还师，周之天命广受赞美？

上天既已授殷天下，其王位是如何布施？

纣部众既倒戈而亡，他的罪状又是怎样？

争先遣送攻伐之器，如何激励士卒勇气？

并肩驱驰欢呼鼓翼，又是如何率领众旅？

（以上问周公佐武王伐纣。）

昭王盛饰巡狩楚国，楚人沉之遂止南土；

其所图的利益为何？岂真见到所献白雉？

（以上问周昭王南征。）

周穆王巧言又贪婪，周游夷狄目的为何？

继而再度周旋天下，又有何企图与索求？

（以上问周穆王周游天下。）

怪异夫妇沿街叫卖，在市集中贩售何物？

周幽王要诛杀何人？又怎么会得到褒姒？
（以上问周幽王与褒姒。）
天命无常反反复复，何者该罚何者该佑？
齐桓公能九合诸侯，终然遭到杀身之祸。
（以上问齐桓公。）
那商纣以王者之身，谁使他沉迷而淫乱？
商纣为何憎恶辅弼，却重用谗佞与谄媚？
比干做了什么忤逆，而遭到纣王的压抑？
雷开又如何会阿谀，却受到纣王的赐封？
何以圣人德业相同，结局竟如此不同？
梅伯忠直而遭菹醢，箕子佯狂而能保身。
（以上问商纣之信谗佞而杀忠良。）
后稷是姜嫄的长子，父亲帝喾为何憎弃？
将他投置在冰雪上，鸟群为何将他覆翼？
何以稷能持弓挟矢，赋予他特殊的才能？
稷既让喾震惊激切，为何又呵护他成长？
（以上问后稷的诞生。）
伯昌趁纣号召衰微，秉鞭持政为九州牧；
何以令坏邠岐之社，命武王以统治殷国？
昔年文王迁移来岐，又怎能让百姓依附？
殷国有个惑妇妲己，对纣又能如何谏讥？
虽接受所赐之菹醢，西伯随即告语上帝。
何以亲自接近上帝，就能惩罚殷之灭亡？
师望太公在肆为屠，文王伯昌何能识之？

鼓动屠刀高唱歌曲，文王听了为何欢喜？

武王发既已杀殷纣，为何内心有所悒郁？

武王负载木主征战，杀纣为何如此心急？

（以上问文王之兴与武王之伐纣。）

长君申生上吊自杀，究竟为了什么缘故？

何以死得感天动地，谁该对此最为畏惧？

（以上问晋申生自杀。）

皇天既集禄命于帝，帝王为何有所戒惧？

既已受天命有天下，还是可以异姓代替。

（以上问朝代更迭之理，未有确指。）

初始汤以伊挚为臣，后来竟得他的辅弼。

何以伊尹始终佐汤，伊尹得以庙食百世。

（以上再问伊尹佐汤。）

阖庐原是寿梦之孙，年少时遭离散之难；

又何能壮大其勇武，流传远播他的威望？

（以上问吴王阖庐。）

彭铿善于调理雉羹，帝尧何以赞美品尝？

彭铿的寿命八百多，怎会活得如此久长？

（以上问彭祖长寿。）

中央之大夷狄共争，君上又为什么震怒？

蜂蚁之命极其微薄，它们力量何其坚固？

（以上问诸国何以纷争。）

采薇之女惊动夷齐，何以天降麋鹿庇佑？

北至首阳山之回水，何所见而异样惊喜？

（以上问伯夷、叔齐。）

兄秦景公有只噬犬，弟弟针为何也想要？

针以一百两车交易，结果连俸禄也丢了。

（以上问秦景公及其弟公子针。）

（一）简狄神话。此段中有“简狄在台，喾何宜？玄鸟致贻，女何喜”的诘问。见《史记·殷本纪》，大意是说：“殷契的母亲叫简狄，是有娀氏的女儿，也是帝喾的次妃。有一次，简狄等三人正在沐浴，看见玄鸟（燕子）遗忘了它的卵，简狄拿起来就吞下肚子，因而怀了孕，生下了契。”

（二）伊尹神话。此段中有“水滨之木，得彼小子。夫何恶之，媵有莘之妇”的诘问。是指“伊尹”诞生神话，据《吕氏春秋·本味篇》，大意是说：“有侁（莘）氏的女子出外采桑，在空桑之中得到一个婴儿，就献给了国君。国君就让厨师养他。观察他的一举一动，说：‘他的母亲住在伊水之上，怀孕时，梦到有神告诉她：石臼出水就要往东方跑走，千万不要回头看。第二天，果然看见石臼出水，告诉邻居们，往东方走了十里，而回头看自己的市镇，已完全被水淹没了。这一回头看，自己的身躯就变成了空桑。’所以就命名为伊尹。这也就是伊尹生在空桑的缘故。长大后很贤能。汤听说伊尹的事，就让人向有侁氏要伊尹。有侁氏不肯。此时伊尹也有归顺汤的意思。汤于是请娶妇为婚。有侁氏高兴地同意了，就把伊尹当陪嫁的礼物，送给了待嫁的女子。”

（三）褒姒神话。此段中有“妖夫曳衒，何号于市？周幽谁诛？焉得夫褒姒”的诘问。是“褒姒”诞生的神话。据《史记·周本纪》，大意是说：“周代的太史伯阳在读完史书后，感慨地说：‘周朝将亡国了。’从前，夏后氏衰败时，有两条神龙停留在夏朝的帝庭，竟然开口说：‘我们是褒国的两个君王。’夏朝的帝王占卜的结果是杀掉它们或是放掉它们、留下它们都不吉利。卜者以为只有将龙漦收藏起来，才是吉利。于是陈设财宝等祭品并以书策祭告，龙就消失了，只留下龙漦，就用木椟收藏起来。

“夏朝亡国后，这个椟器就传到殷。殷亡国后，又传此椟器到周。经过三代，没人敢打开。到了周厉王末年，才打开来看，龙漦流到庭中，无法除去。厉王就让妇人裸露着身体，大声鼓噪。龙漦就变成黑鼋（龟类，或以为蜥蜴），进到了厉王的后宫。后宫有个童妾才刚七八岁的年纪，触碰到了龙漦，当她十五岁时就怀孕了，没嫁人就生了孩子，她害怕极了，就把孩子丢弃了。

“到了周宣王时，有个童女唱着歌谣说：‘桑木的弓、箕草的箭袋呀！周朝就要亡喽！’后来周宣王正好也听到，有一对夫妇叫卖这些器物，宣王就派人要把他们抓起来杀掉，他们就逃走了。在路上见到不久前被后宫童妾所丢弃的妖怪婴儿，听到这孩子在夜晚的哭声，感动得把孩子收留下来，夫妇就逃亡到了褒国。后来褒国人有罪，就将童妾所丢弃的女孩子献给周朝的国王以赎罪。因为丢弃的女孩子来自褒国，所以叫褒姒。

“当周幽王三年，幽王到后宫，见到褒姒就爱上了她，生了儿子叫伯服，幽王竟然废了申后及太子，以褒姒为后，伯服为太子。所以太史伯阳说：‘祸患已经造成了，谁也无可奈何了！’”

（四）后稷神话。此段中有“稷维元子，帝何竺之？投之于冰上，鸟何燠之”的诘问。是指“后稷”诞生的神话。据《史记·周本纪》，大意是说：“周后稷，名叫弃。他的母亲是有邰氏的女儿，名叫姜原。姜原是帝喾的首位妃子。有一次，姜原到郊外出游，见到一个巨人的脚 印，心中一阵莫名的喜悦，很想踩它一下，踩下时身体有一种受孕的感觉。过了一年居然生了一个孩子，以为不祥，就把他丢弃在狭隘的巷子里，马牛经过时，都避开而不去践踏；再丢弃到山林中，适逢山林中有很多人，只好再改地方；又把他丢弃到河渠冰冻的水上，飞鸟竟然用羽翼覆盖他。姜原以为孩子是神，就收容而且培育他成长。原本想抛弃他，所以就取名叫弃。”

（五）伯夷、叔齐神话。此段中有“惊女采薇，鹿何祐？北至回水，萃何喜”的诘问。是指“伯夷”“叔齐”饿死首阳山的神话。据《绎史》卷二十引《古史考》，大意是说：“伯夷和叔齐采薇草来果腹，郊野有个妇人就对他们说：‘两位为了仁义而不吃周朝的粟米，这薇草也是周的草木呀！’于是两人就饿死了。”

又《列士传》大意是说：“孤竹君驾崩了，长子伯夷应当继位，他却让给弟弟，弟弟叔齐不肯接受，就让给异母弟伯寮，伯夷和叔齐一起到了周。正遇上文王驾崩，武王兴兵伐纣，伯夷、叔齐不同意，就跑去首阳山隐居，也不吃周的粟米，采薇草而食。当时王摩子就入山责难他们说：‘二位不吃周的粟米，却隐居在周国的山上，吃着周的薇草，怎么会这样呢？’于是二人就不吃薇草。经过七天，上天就派遣白鹿喂他们鹿乳，这样过了几天，伯夷和叔齐动了私念，心想吃这鹿肉一定很美。鹿看穿了他们的心意，就不再来喂乳了，二人就饿死了。”

第六段，屈原的诘问，又回归到楚国，感叹楚国国势日衰，忠直已无补于事。文虽平淡，缱绻之情未减。此段文章较短，内容又是时代较接近屈原的史事，所以也就没有神话的叙述。原文和语译对照于下：

薄暮雷电，归何忧？
厥严不奉，帝何求？
伏匿穴处，爰何云？
荆勋作师，夫何长？
悟过改更，我又何言？
吴光争国，久余是胜！
何环穿自闾社丘陵，爰出子文？
吾告堵敖以不长！
何试上自予，忠名弥彰？

薄暮时分雷电交加，不如归去何来忧愁？
楚王的威严已日坠，又能向天帝何所求？

伏匿江滨岩居穴处，如此处境何话可说？
荆楚为功勋而动兵，又怎可能国祚久长？
悔悟过错更改行为，我为逐臣又能何言？
吴王阖庐与楚相争，他几次都大胜我国。
何以绕路穿过闾社，直到丘陵而生子文？
我被放时告诉堵敖，楚国将衰不复久长；
何敢揣试君上心意，而自以为忠名昭彰？

柒

游仙思想的滥觞——《远游》

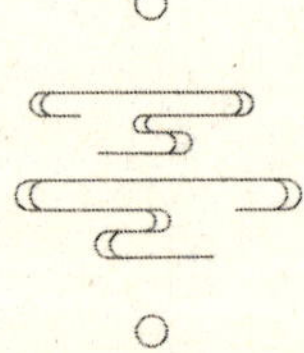

一、《远游》作者的争议

王逸《楚辞章句·远游序》肯定“《远游》是屈原的作品”，但民国以后的学者，像胡适、陈钟凡、陆侃如、廖平、游国恩等都有过怀疑，但是理由都并不充足。而游国恩在他的《楚辞概论》和《屈原研究》两书中还有不同的看法。这些否定屈原创作《远游》的证据，苏雪林教授在《屈原作品的否定论》[1]一文中已有详细的辨正。归纳正反的意见的几个重点，大致如下：

（一）胡适和陈钟凡以为《远游》的文句和句法，有一些与《离骚》与《九章》相近。苏雪林则以为屈原在行文上是把句子当作“词汇”（vocabulary）用，“词汇”在文章里本来是可以无限制地使用的。陈钟凡以为与《天问》《九歌》雷同，则是陈氏的误记。

1　见《庆祝毛子水先生、包明叔先生、齐铁恨先生、丁治磐先生八秩华诞文集》页五七，一九七一年一月，正中书局，程发轫等撰。

（二）苏雪林教授以为陈钟凡所谓《远游》和严忌《哀时命》相同的，也只是几个仙境地名，你可用，我也可用。至于和司马相如《大人赋》相同处。实际是《大人赋》抄《远游》的。

至于陆侃如以为《远游》中的“韩众”即“韩终”，是乃秦始皇时方士，屈赋中居然有此人，足证此篇非屈作。苏雪林教授则仅说：“韩众实为仙人，非秦始皇时的方士。”一语带过，我可以略作补充。按《史记·秦始皇本纪》，大意说：

三十二年，秦始皇到了碣石，就派燕人卢生去寻求羡门（古仙人）、高誓（古仙人）。在碣石的城门上刻字。……于是就派韩终、侯公、石生求仙人不死之药。

又提到秦始皇对这些方士的批评：

（三十五年）……如今，听说韩众（正义说：音终）去求仙药也没有回报，徐市（福）等人花费了金钱巨万计，始终不能找到仙药，只是每天都听到他们说些欺骗牟利的话。卢生等人受我的赏赐甚厚，如今却诽谤我，以加重我不仁德的不好形象。

就上引文字看，韩终、韩众当为同一人，实为方士之得道而成仙者[1]。然就“韩终、侯公、石生求仙人不死之药”三人的先后排序言，韩众实最为年长。按秦始皇三十二年（公元前 215 年），韩众若此时为八十老翁，则公元前二九五年，约当周赧王时仍健在，屈原约生于公元前三四三年，二人相差约四十余年，则屈赋中未必不能引到韩众。况且韩众、韩终或韩仲是否即同一人？王逸注引《列仙传》说：“齐人韩终，为王采药，王不肯服。终自服之，遂得仙也。”则韩众或为得道仙人之通称？殊难论定。所以到目前为止，《远游》的著作权应该还是归属于屈原。

1 又，明代曹学佺《蜀中记》卷七一：“秦韩仲为祖龙采药使者，既而入蜀，炼丹于德阳，之秦中观遇京兆刘根，授以神方五道，乃服九节菖蒲，十二年，体生白毫，以端午日骑白鹿上仙。”

二、《远游》的创作动机

王逸认为屈原创作《远游》的动机是：

屈原走着正道，却不为世俗所容，在朝廷上被谗佞所陷害，在朝廷下为俗人所困惑。彷徨在山泽之中，无所告诉。于是深深体悟到万物本原的道理，修养恬淡的心性，想要以此种思想济世。但是心中还是愤慨，文采依然秀美。于是抒发妙思，寄托于仙人，与仙人一同游戏，周游经历天地，无所不到。但仍然怀念楚国，思念旧故，文章中流露出屈原忠信的笃实，仁义的厚重。所以君子之人皆珍重屈原的心志，并且赞美他的文辞。

王逸的说法，清楚地表达出屈原从儒家忠信仁义思想转化到道家元一游仙思想的过程。基本上，儒、道思想是士人处世态度的一体两面。所以《远游》篇首二句说："悲时俗之迫阨兮，愿轻举而远游。"王逸注："高举避世，求道真也。"

朱熹《远游序》也说："思欲制炼形魂，排空御气，浮游八极。"显然二者都认为《远游》篇有道家出世的神仙思想。

《庄子》内篇中有《逍遥游》，"逍遥"二字的释义，据《庄子·让王》篇中提到，舜要把天下让给善卷，善卷说："逍遥于天地之间而心意自得。"所以善卷没有接受舜的让位，而躲到深山之中。又《天运篇》也说："逍遥，无为也。"而《楚辞》中的《远游》也有"心意自得"和"无为"的意思。我们再进一步比较二者的文义，不难发现哲理上也有许多相同之处。如《远游》说：

曰：道可受兮，不可传，其小无内兮，其大无垠。无滑而魂兮，彼将自然。壹气孔神兮，于中夜存，虚以待之兮，无为之先。

与《庄子·知北游》所说：

无始曰："道不可闻，闻而非也；道不可见，见而非也；道不可言，言而非也！知形形之不形乎！道不当名。"

同样都在强调"道"是不可言传的。又如《远游》说："悲时俗之迫阨兮，愿轻举而远游。质菲薄而无因兮，焉托乘而上浮。"指出"远游"的必要条件是"无待"，然而人既有形体，则所待者饮食也，名利也。所以又必须做到"忘我"与"无为"的境界。故而《远游》又说："神倏忽而不反兮，形枯槁而独留。内惟省以端操兮，求正气之所由。漠虚静以恬愉兮，澹无为而自得。”又说：“形穆穆以浸远兮，离人群而遁逸。因气变而遂曾举兮，忽神奔而鬼怪。”也正如《逍遥游》所说：

夫列子御风而行，泠然善也，旬有五日而后反。彼于致福者，未数数然也。此虽免乎行，犹有所待者也。

若夫乘天地之正，而御六气之辩，以游无穷者，彼且恶乎待哉！故曰：至人无己，神人无功，圣人无名。

所以《远游》与《逍遥游》在哲理上确实有相通之处，屈子之所谓“远”者，以距离设喻，若以内心之感觉而言，远者当莫远于逍遥。按庄子（公元前369年—前286年）之学盛于战国时期之南方，与屈原之时代极为接近，虽至今无法证明二人之关系。但从《远游》之内容观之，屈原当亦有道家的修为，对“外生死”的道理，自能了悟于心，然而最终仍选择自沉汨罗以死，更凸显屈原之忠贞与人格之伟大。

三、《远游》的结构和文章之美

《远游》展现了屈原在儒、道思想冲突挣扎后，渐入交融兼顾的人生哲理和态度。诗篇中将远游境界的追求，分成几个层面。有现实的矛盾与挣扎、有形体的消逝到精神的净化，更有与泰初（自然）为邻的交会与融合。诗篇中描写了不少神仙修炼的方法与过程，遂成为汉以后游仙的滥觞。全篇共分五段，现分析如下。

第一段旨在说明，因时俗的胁迫与困阨，于是有远游之意。此所谓远游，不是形体的实质远行，而是心性修养的洗涤。所以屈原强调自己之本质菲薄，又遭浊世的诽谤，要达成这种境界的远游殊非易事，但还是反复陈述自己极欲远游的心念。先看原文：

悲时俗之迫阨兮，愿轻举而远游。
质菲薄而无因兮，焉托乘而上浮。

遭沉浊而污秽兮，独郁结其谁语！
夜耿耿而不寐兮，魂营营而至曙。
惟天地之无穷兮，哀人生之长勤。
往者余弗及兮，来者吾不闻。
步徙倚[1]而遥思兮，怊惝怳而乖怀。
意荒忽而流荡兮，心愁凄而增悲。
神倏忽而不反兮，形枯槁而独留。
内惟省以端操兮，求正气之所由。

这段诗章经过语译后，我们将更能掌握它的意义：

悲伤时俗竟是如此的胁迫和困厄，使我兴起了轻身远举的念头。

资质既菲薄又无所依恃，将托乘什么才能上浮？

遭遇到沉浊世俗的污秽亵慢，孤单无助的郁抑将向谁倾诉？

夜晚已耿耿不安难以成眠，魂魄更往来奔波到日曙。

天地之运行无穷无已，哀痛人生是永无止境的辛勤。

往昔的一切已无从企及，来日的种种更无能听闻。

步履彷徨中默默地长思，惆怅失望的情绪萦绕在胸怀。

意志已恍惚而流窜，内心越愁凄而增悲。

精神已倏忽间远荡，形体则枯槁而独留。

1　徙倚：犹低回，徘徊。

内心只想着端正操守，这样才能求到正气的根由。

这时屈原的内心是极其矛盾与煎熬的，所以诗中有“夜耿耿而不寐兮，魂营营而至曙。惟天地之无穷兮，哀人生之长勤”的句子，文辞感情的张力绝佳，最能代表屈原此时的心境。

第二段，特别举出得道成仙的赤松、傅说、韩众等为例，以进一步说明轻举远游的道理，主要在于自我的心性修养。我们先读原文：

漠虚静以恬愉兮，澹无为而自得。
闻赤松[1]之清尘兮，愿承风乎遗则。
贵真人之休德兮，美往世之登仙。
与化去而不见兮，名声著而日延。
奇傅说[2]之托辰星兮，羡韩众[3]之得一，
形穆穆以浸远兮，离人群而遁逸。
因气变而遂曾举兮，忽神奔而鬼怪。
时仿佛以遥见兮，精皎皎以往来。
绝氛埃而淑尤兮，终不反其故都。

1　赤松：赤松子，神农时雨师，服水玉。教神农能入火自烧。至昆仑山上，常止西王母石室，随风雨上下。

2　傅说：武丁之相。死后其精着于房星之尾。

3　韩众：齐人，为王采药，王不肯服。终自服之，遂得仙。

免众患而不惧兮，世莫知其所如。
恐天时之代序兮，耀灵晔而西征。
微霜降而下沦兮，悼芳草之先零。
聊仿佯而逍遥兮，永历年而无成。
谁可与玩斯遗芳兮，晨向风而舒情。
高阳邈以远兮，余将焉所程！

再将此段诗篇语译如下：

漠然虚静又恬淡愉悦的心境中，安闲无为的道自然获得。
听说赤松能清涤凡尘而成仙，我愿承续他的风范和法则。
我尊敬得道真人的美德，我更羡慕往世的羽化而登仙，
形体皆化去而不见，名声却越昭著而日日彰显。
惊异于傅说之能托乘辰星，也钦羡韩众之能修道得一。
形体就能在不知不觉中渐远，离开了人群而逃遁隐匿。
因循着气流的变化而高举，往来倏忽有如神的奔驰鬼的谲怪。
有时仿佛可以遥远地看见，精魄则皎皎然不停往来。
超越了氛埃而达善美，再也不必返回到故都。
避开众患不必再畏惧，世间已没人知道我的居处。
唯恐天时不停地代谢，闪亮的太阳也会渐渐西征。
当些微的寒霜下沦，已警示芳草的即将凋零。
姑且彷徨而逍遥，经历了多年却一事无成。
不知有谁能与我把玩这些留下的芳草，只有向着风舒叹。

高阳已邈茫久远，谁还能成为我的典范！

这时屈原本已逐渐融入道家神仙思想的逍遥境域之中，但突然“终不反其故都”的念头，像晴天的一声霹雳，惊破了他的神仙之旅，现实世界中的忧患、恐惧，时间的压迫感和孤独、寂寞一股脑儿涌上心头。于是他在结尾时，仍呐喊着“高阳邈以远兮，余将焉所程”！

第三段，以乐章“重曰”开场。“重曰”就像乐谱标示“D.S.”，有乐章重复再唱的意思。此段大意是说，在时光消逝中，既无法参与美政，则自必退而求轻身远游之要道。一样先读原文：

重曰：
春秋忽其不淹兮，奚久留此故居？
轩辕[1]不可攀援兮，吾将从王乔[2]而娱戏！
餐六气[3]而饮沆瀣[4]兮，漱正阳[5]而含朝霞[6]。
保神明之清澄兮，精气入而粗秽除。

---

1 轩辕：黄帝号也。
2 王乔：周灵王太子晋也，道士浮丘公接上嵩高山，后得道成仙。
3 六气：阴、阳、晦、明、风、雨之气。
4 沆瀣：夜半之气。
5 正阳：日中之气。
6 朝霞：朝旦之气。

顺凯风以从游兮，至南巢[1]而壹息。
见王子而宿之兮，审壹气之和德。
曰："道可受兮，不可传；其小无内兮，
其大无垠；无滑[2]而魂兮，彼将自然；
壹气孔神兮，于中夜存；
虚以待之兮，无为之先；
庶类以成兮，此德之门。"
闻至贵而遂徂兮，忽乎吾将行。
仍羽人于丹丘[3]兮，留不死之旧乡。
朝濯发于汤谷兮，夕晞余身兮九阳。
吸飞泉之微液兮，怀琬琰之华英。
玉色頩以脕颜兮，精醇粹而始壮。
质销铄以汋约兮，神要眇以淫放。
嘉南州之炎德兮，丽桂树之冬荣。
山萧条而无兽兮，野寂漠其无人。
载营魄而登霞兮，掩浮云而上征。

将此段诗篇语译如下：

再唱一遍：
春秋的流转快速绝不可能淹滞，我又何必再久留故居？

1 南巢：南方凤凰之巢。
2 滑：乱。
3 丹丘：昼夜常明之地。

轩辕黄帝已不可攀援，我将追随王子乔去游戏。
吃着六气，喝着沆瀣，漱着正阳，含着朝霞；
保持着神明的清澄，精气引进而粗秽排除。
顺着凯风而恣意游戏，到达南巢才稍事休息。
见到了王子乔而宿止，请教他壹气交融的道理。
他说：
“道是可以领受，而不可言传。
它小到没有内在，大到没有边际。
不要乱了你的魂魄，它将自然降临。
这壹气太神奇了，半夜时它才会存在。
必须放空自己来等待，不要先有得到的念头。
天地间的万物靠它形成，这就是大道的入门。”
听完这至贵的道理就该前往，很快我就要起航。
追随羽人到丹丘，留在不死的旧乡。
清晨沐发在汤谷，傍晚曝身在九阳。
吸食着飞泉的美液，怀抱着琬琰的玉英。
玉色衬映着红润的容颜，精神纯粹而开始茁壮。
形质消铄而愈趋柔软，精神抖擞而更加奔放。
嘉许南方州土的艳阳，赞美桂树在冬天也茂荣。
山林萧条而绝少禽兽，郊野寂寞而鲜闻人声。
负载着魂魄登上彩霞，攀援着浮云冉冉上升。

此时屈原对神仙思想有了更细密的分析，已经不再只是仙人的列举，更进一步提到吐纳引气的修炼法门。这段文字中道家的神仙思想最为浓厚。文中“道可受兮，不可传；其小无内兮，其大无垠；无滑而魂兮，彼将自然；壹气孔神兮，于中夜存；虚以待之兮，无为之先；庶类以成兮，此德之门”，几乎与老子的《道德经》无异。

第四段，言既为天阍排拒，于是遍游天界四方，召唤众神为己御驾，热烈非凡：

命天阍其开关兮，排阊阖而望予。
召丰隆使先导兮，问大微[1]之所居。
集重阳[2]入帝宫兮，造旬始[3]而观清都[4]。
朝发轫于太仪[5]兮，夕始临乎于微闾[6]。
屯余车之万乘兮，纷溶与而并驰。
驾八龙之婉婉兮，载云旗之逶蛇。
建雄虹之采旄兮，五色杂而炫耀。
服偃蹇以低昂兮，骖连蜷以骄骜。
骑胶葛以杂乱兮，斑漫衍而方行。
撰余辔而正策兮，吾将过乎句芒[7]。

1 大微：天帝南宫。
2 重阳：指天。
3 旬始：皇天名或星名。
4 清都：帝之所居。
5 太仪：天帝之庭。
6 于微闾：东方之玉山。
7 句芒：东方木神。

历太皓[1]以右转兮，前飞廉以启路。
阳杲杲其未光兮，凌天地以径度。
风伯为余先驱兮，氛埃辟而清凉。
凤皇翼其承旂兮，遇蓐收[2]乎西皇[3]。
揽彗星以为旍兮，举斗柄以为麾。
叛陆离其上下兮，游惊雾之流波。
时暧曃其曭莽兮，召玄武[4]而奔属。
后文昌[5]使掌行兮，选署众神以并轂。
路漫漫其修远兮，徐弭节而高厉。
左雨师使径侍兮，右雷公以为卫。
欲度世以忘归兮，意恣睢以担挢。
内欣欣而自美兮，聊媮娱以自乐。

再将此段诗篇语译如下：

我命令天阍开启门关，他却排开大门而瞪我。
召来了丰隆在前引导，询问大微的所居。
聚集在重阳又进入帝宫，造访旬始再参观清都。
早晨从太仪出发，傍晚已经来到于微闾。

1 太皓：东方之帝。
2 蓐收：西方之神。
3 西皇即少皓。
4 玄武：北方之神。
5 文昌：星名。此指神名。

屯聚我的车子千乘，纷然众盛地并驾齐驱。

驾着八匹龙马婉婉奔驰，插着云旗随风摇曳。

竖起雄虹般的彩旄，五色纷杂而炫耀。

夹辕服马奔腾得忽低忽昂，骖驾的二马舞动得意气飞扬。

坐骑参差而杂乱，斑驳漫衍一片而正要起航。

紧抓住我的辔缰，握稳了鞭策，我将要去拜访句芒。

经过了太皓而右转，前方有飞帘为我启路。

趁着杲杲日出的阳光还没太亮，超越了天地而直往。

风伯替我开道前驱，氛埃扫除后天气格外清凉。

凤凰翼翼地飞翔在旗帜的两旁，遇见了蓐收在西皇。

拿起了彗星作为旗旌，高举着斗柄作为麾棒。

纷纷地忽离忽合忽上忽下，游戏在惊雾与流波之中。

日月已昏暗无光，召来了玄武奔属后方。

后面还有文昌掌舵，选署了众神使并毂。

路途是曼曼然长远，徐行缓节以驰向高处。

左边有雨师服侍，右边是雷公保护。

一心想着超度凡世而不回，志意自得而放情高举。

内心欣欣然而自觉完美，聊且忘记忧伤而自求欢娱。

此段屈原起笔就说：“命天阍其开关兮，排阊阖而望予。”让我们有似曾相识的感觉。其实，屈原这时已经又回到了《离骚》的思维与框架之中。场面虽然热闹非凡，但已经不是神仙世界，而是神话世界；神与仙的最大不同，是仙可以从人修炼而得，而神永远高于人界。

第五段，言自己对故国的情感既深，仍然无法释怀，但既已决定要远游，不得已只有压抑心志，奋力超越耳目之娱，而至寂寥无闻之境，并与泰初为邻：

涉青云以泛滥游兮，忽临睨夫旧乡。
仆夫怀余心悲兮，边马顾而不行。
思旧故以想象兮，长太息而掩涕。
泛容与而遐举兮，聊抑志而自弭。
指炎神[1]而直驰兮，吾将往乎南疑。
览方外之荒忽兮，沛罔象而自浮。
祝融[2]戒而还衡兮，腾告鸾鸟迎宓妃。
张咸池奏承云兮，二女御九韶歌。
使湘灵鼓瑟兮，令海若[3]舞冯夷[4]。
玄螭虫象[5]并出进兮，形蟉虬而逶蛇。
雌蜺便娟以增挠兮，鸾鸟轩翥而翔飞。
音乐博衍无终极兮，焉乃逝以俳佪。
舒并节以驰骛兮，逴绝垠乎寒门[6]。

---

1 炎神：南方之神。
2 祝融：南方火神。
3 海若：海神。
4 冯夷：水神。
5 虫象：虫，长虫。象，罔象。皆水中怪物。
6 寒门：北极之门。

轶迅风于清源[1]兮，从颛顼[2]乎增冰。
历玄冥[3]以邪径兮，乘间维以反顾。
召黔嬴[4]而见之兮，为余先乎平路。
经营四荒兮，周流六漠。
上至列兮，降望大壑。
下峥嵘而无地兮，上寥廓而无天。
视倏忽而无见兮，听惝怳而无闻。
超无为以至清兮，与泰初而为邻。

再将此段诗篇语译如下：

涉渡过青云正要纵情游戏，忽然低头看到了故乡。
仆夫怀思我心悲怆，连车边的马也回顾而不肯前行。
想起故旧的脸庞，不禁长声叹息而涕泪潺潺。
进退俯仰之后仍然立意远举，聊且按抑心志而踟蹰。
指向炎帝的所在而直驰，我将前往南方的九嶷。
看到域外是一片渺茫，急行在水天之际任其飘荡。
祝融告戒后已决定回程，我就腾告鸾鸟去迎接宓妃。

弹着尧乐咸池，奏起帝乐承云，尧的二女侍御，舜的九韶伴奏。

1 清源：八风之藏府。
2 颛顼：北方之帝。
3 玄冥：北方之神。
4 黔嬴：造化之神。

使湘水的神灵鼓瑟，令海若起舞伴着冯夷。
玄螭和虫象进进出出，舞态纠曲而摇曳。
雌蜺轻丽又层绕，鸾鸟高举而翔飞。
乐音广博繁衍而无休止，我就趁此远逝而徘徊。
舒缓的节奏下驰驱，最远的边界就在北极寒门。
超越了迅风来到风穴清源，追随颛顼到了增冰。
经过玄冥后再转小径，攀登上天的间维才回顾。
召唤黔嬴前来相见，替我在前引导平路。
经营往来四方，周游天地六漠。
向上攀登到了天隙裂缺，降望则是深海大壑。
下面是深邃而不着地，上方是辽廓而不见天。
视觉已模糊而一无所见，听觉也仿佛毫无所闻。
超越了无为而臻至清，已与天地之始的泰初为邻。

此段屈原在构思和行文上，都是承接上段的思维而来，所以起笔句子“涉青云以泛滥游兮，忽临睨夫旧乡。仆夫怀余心悲兮，边马顾而不行”，和《离骚》的文字也极为相似。但结尾的句子“经营四荒兮，周流六漠。上至列兮，降望大壑。下峥嵘而无地兮，上寥廓而无天。视倏忽而无见兮，听惝恍而无闻。超无为以至清兮，与泰初而为邻”数句，才将此诗篇的作意又拉回到道家思想的“远游”之上。

捌

何去何从的彷徨与抉择——《卜居》

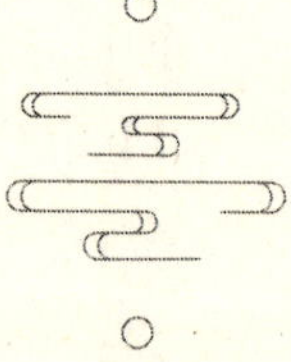

一、《卜居》的作者

王逸《楚辞章句·卜居叙》肯定“《卜居》是屈原的作品”，而且从来也没有异议。然而民国五四运动以后，疑古之风盛，怀疑《卜居》和《渔父》非屈原所作的学者也渐多。如胡适认为《卜居》和《渔父》是有主名的著作，见解和技术都代表一个楚辞进步已高的时期[1]。陆侃如、游国恩更认为《卜居》和《渔父》两篇的开口便说“屈原既放”，显然是旁人的记载[2]。游氏更认为古人自称多以名而不用字。而《卜居》和《渔父》通篇都称屈原（名平字原），显然系后人习见屈原之名而如此写作。而笔者于《楚辞古韵考释》一书中也从归纳韵脚发现，《卜居》和《渔父》的押韵自成一类，与其他屈原的作品并不一致；我也曾一度怀疑，此两篇非屈原所作。但现在检讨起来，这些怀疑说法皆缺乏直接的证

1　见《胡适文存·读楚辞》。

2　见《屈原》和《楚辞概论》二书。

据。所以本书中仍收录此两篇，也留给后人一些努力与讨论的空间！

二、《卜居》的写作动机

“卜居”一词之所以训释为“择居所也”[1]，其最早的出处，就是《卜居》一文。“居”不一定是“居所”，也是一个人处世的原则与态度。在人的一生中，难免会遇到挫折，遇到与自己初衷或理想不尽相同的遭遇，自然就会产生“何去何从”的彷徨与抉择。我们读《卜居》，不是要重蹈屈原感情困顿的泥淖，而是应该借屈原的经验，化为自己冲破难关的力量。推敲屈原写作《卜居》的动机，据王逸《楚辞章句·卜居叙》的大意是说：

屈原个性忠贞，却被嫉妒，想到谗佞的臣子，都是承顺君王的错误，却得到富贵。自己执着于忠贞，却身遭放逐。心内迷惑，不知如何是好，就到了太卜的家，请问神明，借重蓍龟，占卜自己的处世态度，如何才适宜，希望能得到好的卜兆，以消除自己的嫌疑，所以叫卜居。

1 见《中文大辞典》。

似已确定屈原之创作《卜居》是在心胸极度不平、苦闷下的抒发情绪之作。朱熹《楚辞集注》则以为：

屈原悲悯当世的人习于安逸、邪佞，违背正直，所以表面假装不知道二者的是非，而将借重蓍龟以定夺。于是创作此篇文章，揭露出取舍的道理，以警惕世俗。

如朱熹所说，《卜居》就是一篇讽喻赋。其实，在《离骚》中，屈原对这种心境，已经有过暗示。他在向姊姊女嬃求助，向重华陈词后，仍不得解惑，才在走投无路之下，不得不求助于卜筮；他说："索藑茅以筳篿兮，命灵氛为余占之。"找到了藑茅和占卜用的小折竹，请灵氛为他筮卜。而为他占卜的灵氛先说："两美其必合兮，孰信修而慕之？思九州之博大兮，岂唯是其有女？"两个美善的人必能相处，哪有真诚者不被仰慕？试想九州是如此博大，岂止是此地才有同志？再说："勉远逝而无狐疑兮，孰求美而释女？何所独无芳草兮，尔何怀乎故宇？"勤力远去而不要再狐疑，哪有求贤者会舍弃你？天涯何处无芳草，你何必老怀念着旧居？但灵氛的解说太过抽象，而屈原在写作《离骚》时，可能对故国还存着一丝眷念。所以他说："欲从灵氛之吉占兮，心犹豫而狐疑。"表示本想听从灵氛吉利的占卜，内心却又犹豫且狐疑。到创作《卜居》时，写作的文体是散文赋，就不必那么含蓄了。由此可见，屈原的内心状态，虽然作品不同，心意是可以互通的。

三、《卜居》的结构和文辞之美

《卜居》是一篇散文赋，用屈原和太卜郑詹尹的对话方式表达作意。未必真有其事，有寓言的效用。如果确定为屈原的作品，那么，《卜居》和《渔父》两篇，正是散文赋的开山之祖，汉代以后的散文赋皆以此为滥觞。本文文辞浅近，结构清楚。共分三段，现分述于下。

第一段，叙述屈原被放逐已经三年，仍未被赦罪而召回郢都，心烦意乱，于是请太卜郑詹尹为他决疑：

屈原既放三年，不得复见；竭知尽忠，而蔽鄣于谗，心烦意乱，不知所从。乃往见太卜郑詹尹[1]。曰："余有所疑，愿因先生决之。"詹尹乃端策拂龟曰："君将何以教之？"

1 太卜：周代官名，掌占卜之事。郑詹尹：太卜之名。

将此段文字语译如下：

屈原被放逐已经三年，尚未被赦免召还；竭尽心智以尽忠国家，却被谗佞小人所掩蔽阻挡。心情烦闷，思虑混乱，不知何去何从。于是往见太卜郑詹尹，说："我有所疑惑，愿请先生做个定夺。"郑詹尹很慎重地拿正了蓍草，擦净了龟壳，说："您将有何指教？"

其实，屈原何尝不知道，求神问卜，已经是一生潦倒中的穷途末路。这种虚设式的寓言笔法，显然是意在凸显问题，屈原借此成为大多数被委屈者的代言人而已。

《卜居》的第二段，以屈原为主，假设了八个难以抉择的问题。用反诘的语气请教太卜郑詹尹：

屈原曰：

"吾宁悃悃款款朴以忠乎？将送往劳来，斯无穷乎？

宁诛锄草茅，以力耕乎？将游大人，以成名乎？

宁正言不讳，以危身乎？将从俗富贵，以偷生乎？

宁超然高举，以保真乎？将哫訾粟斯[1]，喔咿儒儿[2]，以事妇人[3]乎？

1 哫訾：言语求媚貌。粟斯：噤口不语貌。

2 喔咿、儒儿：强笑貌。

3 妇人：指君之宠妇，郑袖之属。

宁廉洁正直，以自清乎？将突梯滑稽[1]，如脂如韦，以洁楹[2]乎？

宁昂昂若千里之驹乎？将泛泛若水中之凫（乎），与波上下，偷以全吾躯乎？

宁与骐骥亢轭[3]乎？将随驽马之迹乎？

宁与黄鹄比翼乎？将与鸡鹜争食乎？

此孰吉孰凶？何去何从？

世溷浊而不清：蝉翼为重，千钧为轻；黄钟[4]毁弃，瓦釜雷鸣；

谗人高张，贤士无名。吁嗟默默兮，谁知吾之廉贞！”

再看语译：

屈原说：

“我宁可诚实勤谨，一无所求地为国尽忠呢，

还是送往劳来随俗周旋而如此无尽无终呢，

宁可诛锄茅草以努力于田耕呢，

还是陪着大人物嬉游以成名呢，

宁可直谏不讳以危害己身呢，

还是随俗富贵以苟且偷生呢，

1　突梯、滑稽：皆圆转貌。

2　楹：屋柱。

3　轭：辕端横木，驾马领者。亢轭：有并驾齐驱之意。

4　黄钟：十二律之一。其声最为宏大。

宁可超然高举以保持本真呢，
还是言辞谀媚、噤声，强颜笑谑，以侍奉妇人呢？
宁可廉洁正直以修洁自清呢，
还是行为圆滑、虚浮，如脂如韦，以润滑楹柱呢？
宁可志行高昂，像千里之驹呢，
还是浮浮泛泛，像水中之凫，与波上下，偷生以全躯呢？
宁可与骐骥并驾抗轭呢，
还是跟随驽马的足迹呢？
宁可与黄鹄比翼呢，
还是跟鸡鹜争食呢？
凡此抉择，孰吉孰凶？何去何从？

世俗已然溷浊不清；视蝉翼为重，视千钧为轻；黄钟被毁弃，瓦釜在雷鸣；

谗人气势高张，贤士默默无闻。叹息世人的冷漠，又有谁会知道我的廉贞？”

以屈原口气提出的八个诘问，其实，稍有良知的人，取舍抉择都并不困难。如忠诚与逢迎、力耕与嬉游、直言与偷生、本真与谄媚、直行与圆滑、高亢与逐流、骐骥与驽马、黄鹄与鸡鹜；虽然语意上有直抒和隐喻的不同，但价值的判断，良窳立现。孰吉孰凶，何劳郑詹尹？所以这八问，其立意主要在凸显君子与小人之别而已。

《卜居》来到第三段，是郑詹尹的回答。短短数语，却道尽了神明的无奈：

詹尹乃译策而谢曰："夫尺有所短，寸有所长；物有所不足，智有所不明；数有所不逮，神有所不通。用君之心，行君之意。龟策诚不能知事。"

再看语译如下：

詹尹于是放下了蓍草而辞谢说："唉！尺有时嫌短，寸有时嫌长；物类有所不足，智慧有所不明；天数有所不逮，神明有所不通。用你的心去行你的意吧！龟策实在无从决断天下事！"

起笔，郑詹尹放下龟策时，可以想见，他的表情必然是失落且沮丧的。于是他答非所问地说：尺有所短、寸有所长、物有所不足、数有所不逮、神有所不通。充满无奈。让我们得到的教训是，当社会上黑白不分、道德沦丧时，一己的坚持才最重要。

玖

游于江潭，行吟泽畔——《渔父》

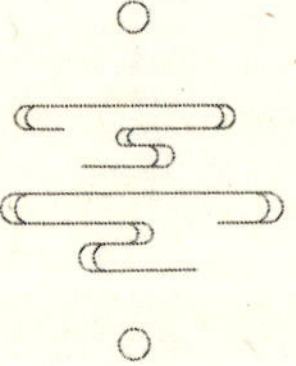

一、《渔父》的写作动机

王逸《楚辞章句·渔父叙》以为，屈原被放逐到江、湘一带时，遇见了一位避世隐身的渔父，彼此之间有些应答和对话。但是《渔父》篇的流传，则是楚人为了思念屈原，才叙述其文辞而相传于世的，所以文章未必出于屈原之手。到了宋代洪兴祖《楚辞补注》，就说得更加明白：

> 《卜居》《渔父》都是假设问答以寄意而已。而太史公的《屈原传》，刘向的《新序》，嵇康的《高士传》，或采《楚辞》《庄子》中渔父的话语，以为实录，这是不对的。

洪氏一则在厘清王逸以为渔父实有其人是不对的，再者，认为太史公、刘向及嵇康竟将《渔父》篇视为实录，而收入史传之中，也是一种误解。如果从《庄子》的《渔父》篇观察，“渔父”确实有隐逸之风，但也不能肯定绝无其人，或只是姑隐其名罢了。所以成玄英注《庄子·渔父》篇才会说渔父是

“越相范蠡”，当然这也是臆测。总之，要推翻《渔父》篇非屈原所作的证据，一如《卜居》。本书还是认为《渔父》是屈原的作品。

在熟读《楚辞》后，总觉得“渔父”若系隐者，他对屈原的问话显然也太伤人了。所谓“三闾大夫”是负责楚国宗室“屈、景、昭”三姓的祭祀；原则上“奉祀官”是不该长期离开宗庙所在地郢都的。渔父的“子非三闾大夫欤？何故至于斯”这一问，有如在屈原的“伤口上撒盐”，对屈原不但不是安慰，反而是一种致命的刺激呢！所以文章中设定“渔父”这个角色；也显示出屈原一味忠君爱国的思想与行为，在战国时代，某些遁世隐居者的眼中是不表赞同的。

二、《渔父》的语译和文章分析

《渔父》是一篇设问体的短赋，也象征儒（屈原）、道（渔父）思想的对话。儒家的主张不仅要独善其身，更要兼善天下。但是屈原连独善其身也不可得，所以他要说："举世皆浊我独清，众人皆醉我独醒，是以见放。"然而渔父所谓的"圣人"则是道家的"圣人"。儒家所谓的圣人"是以治天下为事者也"[1]。而道家所谓的圣人，则是"不去批评是非，而加以调和，用无彼此之分的本然，去平息是非的争论。也就是所谓'两行'"[2]，所以渔父的回答是："圣人不凝滞于物，而能与世推移。"显然二人的对话是没有结论的。所以《渔父》篇的创作目的，主要在表现多元性的不同处世态度而已。为了更清楚地了解内容，原文和语译引录于下：

1 见《墨子·兼爱》。

2 见《庄子·齐物论》："圣人和之以是非而休乎天钧，是谓之两行。"

屈原既放，游于江潭，行吟泽畔，颜色憔悴，形容枯槁。

渔父见而问之曰："子非三闾大夫欤？何故至于斯？"

屈原曰："举世皆浊我独清，众人皆醉我独醒，是以见放。"

渔父曰："圣人不凝滞于物，而能与世推移。世人皆浊，何不淈[1]其泥而扬其波？众人皆醉，何不餔其糟而歠其釃[2]？何故深思高举，自令放为？"

屈原曰："吾闻之，新沐者必弹冠，新浴者必振衣，安能以身之察察[3]，受物之汶汶[4]者乎？宁赴湘流，葬于江鱼之腹中，安能以皓皓[5]之白，而蒙世俗之尘埃乎？"

渔父莞尔[6]而笑，鼓枻[7]而去。乃歌曰："沧浪之水清兮，可以濯吾缨；沧浪之水浊兮，可以濯吾足。"遂去，不复与言。

屈原既被放逐，游走在江潭，行吟在泽畔；脸色憔悴，形体容貌都显得枯槁癯瘦。渔父看见屈原，就问他说："您不就是三闾大夫吗？怎么会落难到此呢！"

屈原说："整个世界都污浊了，只有我清净；众人都喝醉了，只有我清醒。所以我被流放。"

---

1 淈：污也。
2 歠：饮。釃：薄酒。
3 察察：洁白貌。
4 汶汶：玷辱。
5 皓皓：洁白貌。
6 莞尔：微笑貌。
7 枻：船舷（边）。

渔父说:“圣人不该被外物所凝滞，而能与世推移，随俗改变。既然世人都污浊了，何不也用泥土抹黑自己，而随波浮沉？众人都喝醉了，何不也跟着吃酒糟，喝酒滓？为什么要想那么多，自视那么高，让自己被流放呢？”

屈原说:“我闻道于圣人，刚洗过头发，一定要拍拍帽子，刚洗过澡，一定要抖抖衣服。怎么能让干净的身体，受到尘垢的外物玷辱呢！宁可投进湘水激流，葬身江鱼的腹中，又怎能让皓皓的贞洁，蒙受世俗的尘埃呢？”

渔父莞尔而笑，有节奏地轻叩着船舷而离去……

苍茫中传来歌声：沧浪之水清啊！可以洗涤我的冠缨；沧浪之水浊啊！可以洗涤我的脏脚。

就这样悄悄地远逝，没有再留下一句话。

拾

魂兮归来哀江南——《招魂》

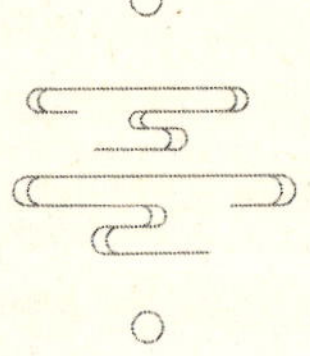

一、重现“招魂”的仪式

“招魂”是人类面对死亡时的一种民俗仪式，遍布于世界各地。它是人类原始的心理活动，并不因科学的发达而灭绝。《楚辞》中的《招魂》与《大招》两篇是保存楚地古老招魂仪式的诗篇，也是最完整的资料。宋代朱熹《楚辞集注·招魂叙》大意是说：

古时人死了，家人就拿死者的上衣，爬上屋顶，站得很高，望着北面而呼号着说：“噢！某人回来吧！”继而用他的衣服招三次，再爬下来把衣服覆盖在往生者身上。此种礼就是所谓“复”，而解释礼的人以为这叫招魂复魄，以为这么做是尽到了敬爱往生者的道理，又有祷祀的心意。原意还是希望往生者能活过来。像这样行过“复”礼以后，还是活不过来，恐怕就不会活了。于是才执行丧葬之事，这是制礼的主要意义。而荆楚的习俗可能也用来招活人的魂……

朱熹的说法，本诸《礼记·檀弓》。这种风俗后世犹存，并且也施之于生人。范成大《桂海虞衡志》(见《文献通考》卷三三〇引) 大意是说：

经半年后才回家的人，或出远门而归乡的人，必须停留在三十里外。家人遣送巫觋，提着竹篮去迎接，脱下归乡人的贴身衣服贮在竹篮中，以前导还家。传说这是为远行的人收回魂魄。

又如宋沈存中《梦溪笔谈》卷三也提到："现今夔峡、湖湘，及南北江獠人，凡禁咒语的句尾都用称'些'字。这也是楚人的旧俗，也即梵语萨嚩诃，三字合言之就是些字。"更可证招魂为楚俗。

《招魂》与《大招》两篇，或称《二招》，或称"大、小招"；两相比较，不难发现，楚国招魂仪式，似有一定格局。即先言东、南、西、北的不可去。再铺叙楚国物质之美以及生活之欢愉，以招致灵魂的归来。所以《二招》合起来看，是探讨楚俗与楚文化的绝佳材料。

二、《招魂》的作者和所招之人

汉代王逸《楚辞章句·招魂叙》大意说：

> 招魂是宋玉所作。……宋玉哀怜屈原的忠贞反而被斥逐，愁闷彷徨在山泽之中，魂魄离散，生命即将陨落，所以作《招魂》，想要恢复屈原的精神，延长屈原的年寿；所以篇章中，外陈四方的险恶，内崇楚国的盛美，借以讽喻怀王，希望怀王能觉悟而招回屈原。

王逸这番话，引起了两个可以讨论的问题。其一，作者是否宋玉？其二，招何人之魂？清代林云铭《楚辞灯》已明白指出，《招魂》为屈原所作，是自招之词。今归纳此种说法的重要论证如下：

（一）司马迁《史记·屈原列传》说："余读《离骚》《天问》《招魂》《哀郢》，悲其志。适长沙，观屈原所自沉渊，未尝不垂涕，想见其为人。"明白地把《招魂》和屈原的其他作品《离骚》《天问》《哀郢》等并列，显然早于王逸的司马迁已肯定《招魂》为屈原所作。

（二）《招魂》篇文本中，前面的一段文章与篇末的“乱曰”，都是以“兮”字为句末语气词，与本文用“些”字为句末语气词不同，若参较《大招》篇，是没有这两段文字的。所以这两段文字有可能与“招魂”的内文书写，不在同一时间。在前段文字中书写被招者的身份说：“朕幼清以廉洁兮，身服义而未沬。”在“乱曰”中又提到被招魂者，曾经“与王趋梦兮，课后先，君王亲发兮，惮青兕”，则被招者既“幼清以廉洁”，又能“与王趋梦，课后先”，显然在可能的选项中，应非屈原莫属。

（三）古人招魂之礼虽为死者而设，但亦有施之生人的。林云铭以为，古人为文滑稽，无所不可，有生而自祭者。并引用杜甫《彭衙行》“煖汤濯我足，剪纸招我魂”为例，以为道路劳苦之余，用此礼以袚除慰安，何尝不可以自招呢！

三、《招魂》的结构和楚文化

《招魂》篇共分十五段，其中首段和末段的句末语气词用“兮”字，而其余各段则是用“些”字。若与《大招》做个比较，《大招》是没有首尾两段的，显然，《大招》是比较朴拙而更接近于招魂仪式的原型结构 。现将各段大意及表现的楚文化意义，分析于下。

《招魂》第一段原文与语译如下：

朕幼清以廉洁兮，身服义而未沬。
主此盛德兮，牵于俗而芜秽。
上无所考此盛德兮，长离殃而愁苦。
帝告巫阳曰：
“有人在下，我欲辅之。魂魄离散，汝筮予之！”
巫阳对曰：

“掌梦[1]！上帝其命难从。若必筮予之，恐后之谢，不能复用。”

巫阳焉乃下招曰：

我自幼清心寡欲又廉洁；服行仁义从未间断。

坚守此盛美德行，却被世俗所牵连以致芜秽。

君上从不考察此盛德，使我长期地委屈而愁苦。

于是上帝告示巫阳说：

“有人沦落下界，我要帮助他。魂魄虽已离散，你找来还他！”

巫阳对答：

“掌的职责呀！上帝的命令很难遵从；如果找来还他，恐怕时间上已经晚了，魂魄不能再生。”

巫阳只得不待卜筮，就下招说：

此段在说明要进行招魂仪式的原因。被招魂者是一个“自幼清心寡欲又廉洁；服行仁义从未间断，坚守此种盛美德行，却被世俗牵连以致芜秽；然而君上却从不考察他的盛德，使他长期地委屈而愁苦”的人。此段诗章，透露出两个讯息：其一，从被招魂者的遭遇上看，极可能就是屈原。其二，楚俗的招魂仪式十分慎重，必须经由上帝的同意，才能执行，而执行招魂的职责者则是掌梦。

1　掌梦：古时掌理梦与魂魄之职者。

《招魂》第二段原文与语译如下：

魂兮归来！去君之恒干，何为四方些？
舍君之乐处，而离彼不祥些！
魂兮归来！东方不可以托些。
长人千仞，惟魂是索些。
十日代出，流金铄石些。
彼皆习之，魂往必释些。
归来兮！不可以托些。

灵魂啊！归来吧！离开了躯干，为了什么而漂泊四方呢？
舍弃了安乐居处，而遭到那么多的不祥呢！
灵魂啊！归来吧！东方是不可以寄托呀！
有千仞高的长人，专门等着牵魂呀！
十个太阳轮番上阵，连金属和岩石也销镕呀！
他们都已习惯了，灵魂到此一定消逝呀！
归来吧！那儿是不能寄托的呀！

此段说明招魂仪式中，首先必须吓阻灵魂的游荡。在楚俗中，东方最可怕的是：唯魂是索的千仞长人和轮番上阵、销镕金石的太阳。与后羿射日、十日并出的神话，显然不是同一系列。

《招魂》第三段原文与语译如下：

魂兮归来！南方不可以止些。

雕题黑齿，得人肉以祀，以其骨为醢些。

蝮蛇蓁蓁，封狐千里些。

雄虺九首，往来倏忽，吞人以益其心些。

归来兮！不可以久淫些。

灵魂啊！归来吧！南方是不可以栖止的呀！

雕绘的额角、黑色的牙齿；拿人肉祭祀，把骨头做成醢酱呀！

蝮蛇四处盘聚；大狐绵延千里呀！

雄虺九个头，往来流窜，吞噬行人以增益它的心脏呀！

归来吧！那儿是不能久留的呀！

此段在继续吓阻灵魂前往南方，南方有雕绘额角、满嘴黑牙，拿人肉祭祀的怪物，四处是蝮蛇、大狐，还有九个头专吃人心的雄虺。大致上多为虫兽类，与南方的地域环境有很大的关系。

《招魂》第四段原文与语译如下：

魂兮归来！西方之害，流沙[1]千里些。

旋入雷渊，靡散而不可止些。

而得脱，其外旷宇些。

1　流沙：即沙漠。

赤蠵若象，玄蜂若壶些。
五谷不生，藂菅是食些。
其土烂人，求水无所得些。
彷徉无所倚，广大无所极些。
归来兮！恐自遗贼些。

灵魂啊！归来吧！西方的灾害是流沙千里呀！
卷入雷泽深渊，糜烂溃散而不可休止呀！
侥幸而能逃脱，外界是一片旷野呀！
赤色的蚂蚁如象；黑色的黄蜂像瓢壶呀！
五谷不生，丛生的菅草是唯一食物呀！
这里的泥土会使皮肤溃烂，想找滴水也难呀！
茫茫然无所倚，广大到没有终极呀！
归来吧！在这里恐怕会遭到伤害的呀！

此段则吓阻灵魂前往西方，西方的灾害是千里的沙漠，以及漩入溃烂的雷渊，野外又有像大象般身躯的红蚂蚁，像瓢壶般的黑色蜜蜂；五谷不生，泥土烂人。这一段是对西方自然环境真实的描述和若干夸大的想象组合而成。

《招魂》第五段原文与语译如下：

魂兮归来！北方不以止些。
增冰峨峨，飞雪千里些。
归来兮！不可以久些。

灵魂啊！归来吧！北方是不可以停止的呀！
重重的积冰高耸巍峨，飞雪笼罩千里呀！
归来吧！在这里是不可以久留的呀！

此段继续吓阻灵魂前往北方，北方唯一令人畏惧的只有积冰飞雪。从四方的描写比较，显然作者对北方的地理知识和民俗信仰都较为贫乏。由此可见，此篇招魂极可能是南方人的仪式记录。

《招魂》第六段原文与语译如下：

魂兮归来！君无上天些。
虎豹九关，啄害下人些。
一夫九首，拔木九千些。
豺狼从目，往来侁侁[1]些；
悬人以娭，投之深渊些。
致命于帝，然后得瞑些。
归来！往恐危身些。

灵魂啊！归来吧！你也不要想登天呀！
虎豹把守着九道关卡，啄杀下界的凡人呀！
一人有九个头，一天拔树九千株呀！

1　侁侁：往来的声音。

长着直眼的豺狼，往来咆哮驰逐呀！
把人倒悬着嬉戏，然后投进深渊呀！
必须向上帝报告后，才能睡眠呀！
归来吧！到那里恐怕会危害自身呀！

此段继续吓阻灵魂前往天上，天上最可怕的有：虎豹看守，啄杀凡人的九道关卡，一个九个头、一天拔树九千株的怪人和长着直竖的眼睛，把人倒悬嬉戏的豺狼。神话中除了有九首的开明兽为昆仑山把关看守有些类似外，其余的描写应该都是楚地民俗的独特信仰。

《招魂》第七段原文与语译如下：

魂兮归来！君无下此幽都些。
土伯九约，其角觺觺些。
敦脄血拇，逐人駓駓些。
参目虎首，其身若牛些。
此皆甘人，归来！恐自遗灾些。

灵魂啊！归来吧！你也不要想下幽都呀！
土伯有九条尾巴，头上的角尖锐无比呀！
厚厚的背沾血的拇指，追起人来动作轻快呢！
三只眼睛老虎头，它的体形像一头牛呀！
它们都把人当甜点，归来吧！在那儿恐怕会遭殃呀！

此段继续吓阻灵魂前往幽都，幽都是冥间的世界，在佛教的地狱观还没传入中国之前，这是典籍中存在的最早地狱。在这里最可怕的是土伯，他是冥间主宰，有点像阎王。他有九条尾巴，头上长尖锐的角，厚厚的背，沾血的拇指，三只眼睛，老虎头，他的体型像一头牛。面貌虽然狰狞恐怖，可以看出楚民俗想象力的丰富。招魂仪式到此，已经吓阻了东、南、西、北、上天、下地，所有灵魂可以游荡的去处，目地的当然是希望灵魂能回到楚国。

《招魂》第八段原文与语译如下：

魂兮归来！入修门些。
工祝招君，背行先些。
秦篝齐缕，郑绵络些。
招具该备，永啸呼些。
魂兮归来！反故居些。

灵魂啊！归来吧！赶快进入楚国的修门吧！
专业的巫祝招您，在前方牵引呀！
秦地的篝，齐地的缕，郑地的绵络呀！
招具都已备妥，长声地呼唤你呀！
灵魂呀！回到旧有的家园吧！

此段开始畅谈楚国之美。首先描述招魂的方式和道具；专业的巫祝在前牵引，道具有秦地的篝、齐地的缕和郑地的绵络，几乎将各地最珍贵的招具都准备了，也显现对往生者的尊重。招魂既然是招生魂，当然跟楚地传闻中的“湘西赶尸”不同。对魂魄的尊重，所以请巫祝以导引；对因贫穷不得将棺木运回家乡的尸身，则用驱赶。

《招魂》第九段原文与语译如下：

天地四方，多贼奸些。
像设君室，静闲安些。
高堂邃宇，槛层轩些。
层台累榭，临高山些。
网户朱缀，刻方连些。
冬有突厦，夏室寒些。
川谷径复，流潺湲些。
光风转蕙，氾崇兰些。
经堂入奥，朱尘筵些。
砥室翠翘，挂曲琼些。
翡翠珠被，烂齐光些。
蒻阿拂壁，罗帱张些。
纂组绮缟，结琦璜些。

天地四方，有太多的贼奸呀！
遗像已经布置在厅室，肃静、宽敞又安适呀！
挑高的殿堂，深邃的屋宇，栏杆高高的呀！
层层楼台、重重水榭，面临着高山呀！

网状的窗棂，丹红的缀饰，更有刻镂方形相连的门户呀！
冬天有复壁的大厦，夏天则室内清凉呀！
园中川谷往复，流水潺潺呀！
蕙草在风中闪烁摇曳，也吹起丛丛兰花的绿浪呀！
经过厅堂来到内房，顶上是朱红色防尘的篷筵呀！
磨石子的壁砖，镶嵌上翠翘，还挂着玉钩以承衣裳呀！
翡翠和珍珠装饰的褥被，齐发出灿烂的光彩呀！
墙角贴上蒻席的壁衣，张开罗绸的帷幔呀！
绮罗缟素的组绶，结系上玉石琦璜呀！

此段继续夸饰楚国的居处之美。其中房舍装潢的精致考究，建筑与自然环境的生态搭配，诸如引水灌溉，空气调节，采光照明以及装潢建材的环保观念，与现代的建筑比较毫不逊色。也不禁让我们惊叹楚国的进步与文明。

《招魂》第十段原文与语译如下：

室中之观，多珍怪些。
兰膏明烛，华容备些。
二八侍宿，射递代些。
九侯淑女，多迅众些。
盛鬋不同制，实满宫些。
容态好比，顺弥代些。
弱颜固植，謇其有意些。
姱容修态，絙洞房些。

蛾眉曼睩，目腾光些。
靡颜腻理，遗视矊些。
离榭修幕，侍君之闲些。

室中的观赏，多为珍奇稀世之宝呀！
兰香的膏油、明亮的蜡烛，花容美女齐聚一堂呀！
十六位美女陪侍，看腻了就可更替呀！
九服之侯的淑女，既迅速又众多呀！
盛美的秀发，不同的形式，充满后宫寝室呀！
不仅容貌体态无与伦比，个性柔顺更是世上少有呀！
纤弱的外貌，坚定的心意，謇謇然发言中礼呀！
姣好的容颜，修美的体态，充满在内室洞房呀！
蛾般的秀眉，含情的眼神，双眸中闪烁着亮光呀！
美丽的容颜，细腻的肤理，目视的余光多情绵长呀！
别墅的修长帘幕中，服侍你的休闲呀！

此段夸饰楚国的室中珍玩和陪侍的美女，以吸引灵魂的归来。对女子的赞美，内在品德与外貌体态兼顾；在容貌上尤其着重在秀发、皮肤、眉毛以及眼神的描写。与现代设计师的审美观点也十分接近。

《招魂》第十一段原文与语译如下：

翡帷翠帐，饰高堂些。
红壁沙版，玄玉梁些。

仰观刻桷，画龙蛇些。
坐堂伏槛，临曲池些。
芙蓉始发，杂芰荷些。
紫茎屏风，文缘波些。
文异豹饰，侍陂簃些。
轩辌既低，步骑罗些。
兰薄户树，琼木篱些。
魂兮归来！何远为些？

翡羽装饰的帷幕，翠翘点缀的罗帐，布置在高堂之上呀！

红漆的墙壁，朱砂的楼版，还有玄玉的栋梁呀！

仰观刻镂的方桷，图画着龙蛇呀！

坐在高堂，伏着栏杆，可以临视弯弯的水塘呀！

莲花初始绽放，还杂错着芰菱荷花呀！

紫茎的屏风草，在水中缘波荡漾呀！

文豹般奇异服饰的武士，侍卫在长陛之旁呀！

轩辌轻车既已待发，步骑罗列成行呀！

兰花丛丛栽植在门旁，还有琼木的藩篱呀！

灵魂呀！回来吧！何必要飘散远方呀！

此段夸饰楚国的厅堂与庭苑之间的景象衬托和调和。特殊的是，陛阶上还描写了侍卫的武士、轩辌轻车以及步骑的罗列。以这种场景观察，此篇招魂的对象必为贵族，甚或侯王。

《招魂》第十二段原文与语译如下：

室家遂宗，食多方些。
稻粢穱麦，挐黄粱些。
大苦咸酸，辛甘行些。
肥牛之腱，臑若芳些。
和酸若苦，陈吴羹些。
胹鳖炮羔，有柘浆些。
鹄酸臇凫，煎鸿鸧些。
露鸡臛蠵，厉而不爽些。
粔籹蜜饵，有饧餭些。
瑶浆蜜勺，实羽觞些。
挫糟冻饮，酎清凉些。
华酌既陈，有琼浆些。
归来反故室，敬而无妨些。

室家既受尊崇，饮食更是种类繁多呀！
稻米、粢稷、早熟的穱麦，还杂糅着黄粱呀！
豆豉、咸盐和酸醋，加上辛辣、甘甜，百味传香呀！
肥硕的牛腱，熟烂而芳香呀！
调和得又酸又苦才刚端出的吴羹呀！
煮透的鳖，炮熟的羊，还有甜饮柘浆呀！
酸味的鹄，少汁的凫，还有煎熟的鸿与鸧呀！
放山鸡和清炖蠵龟，味道浓烈而口齿留香呀！

甜点是秬籹和蜜饵，还有干饴饧餭呀！
瑶浆、蜜酌，斟满了羽饰的酒觞呀！
压挫的酒滓，冰冻着喝，酒味甘醇又清凉呀！
华丽的酒酌既已陈设，更有琼玉的酒浆呀！
归来吧！重回到故居吧！对你尊敬而无伤呀！

此段铺张楚国的饮食之美。多样的食材与烹饪的技巧，以显现楚国生活富裕之外，更可值得注意的是进食中主食与饮料、甜点的搭配，已经展现了饮食文明中高度的艺术。

《招魂》第十三段原文与语译如下：

肴羞未通，女乐罗些。
陈钟按鼓，造新歌些。
涉江采菱，发扬荷些。
美人既醉，朱颜酡些。
娭光眇视，目曾波些。
被文服纤，丽而不奇些。
长发曼鬋，艳陆离些。
二八齐容，起郑舞些。
衽若交竿，抚案[1]下些。
竽瑟狂会，搷[2]鸣鼓些。

1　案：托盘，以案为舞具，是为案舞。
2　搷：击也。

宫庭震惊，发激楚些。
吴歈蔡讴，奏大吕些。

鱼肉佳肴还未用毕，女乐俳优已经罗列呀！
陈列着钟，按击着鼓，谱出一首首新歌呀！
涉江、采菱的楚曲以外，伴奏的是楚舞阳荷呀！
美人都已酒醉，朱颜泛着赭红呀！
用嬉笑的目光微睇，眼神有如层层的水波传递呀！
秀肩上披着文绮，身上穿着纤罗，美丽而又新颖呀！
长长的秀发，曼妙的鬓角，艳光四射呀！
十六位舞者，容貌一致，跳起了郑国的舞蹈呀！
彩袖有如交错的竹竿；抚案的身段低下柔软呀！
竽瑟激烈地合奏，夹杂着爆发的鼓声呀！
宫庭为之震撼惊动，发声的正是激楚的乐章呀！
吴地的歈歌、蔡地的讴曲，还演奏着大吕呀！

此段铺张楚国宴饮中的音乐之美，以吸引灵魂的归来。从宴饮音乐中当然不能窥见楚国音乐的全貌，它的作用主要在助兴，让场面显得更热闹，所以描写中也加入了舞蹈。但仍可以看出其中最动听的还是楚乐、楚舞，将楚国生活的奢侈程度已经铺张到极致。

《招魂》第十四段原文与语译如下：

士女杂坐，乱而不分些。

放敶组缨，班其相纷些。
郑卫妖玩，来杂陈些。
激楚之结，独秀先些。
菎蔽象棋，有六簙些。
分曹并进，遒相迫些。
成枭而牟，呼五白些。
晋制犀比，费白日些。
铿钟摇簴，揳梓瑟些。
娱酒不废，沉日夜些。
兰膏明烛，华镫错些。
结撰至思，兰芳假些。
人有所极，同心赋些。
酎饮尽欢，乐先故些。
魂兮归来！反故居些。

男士女子比肩杂坐，恣意调戏乱而不分呀！
放置零乱的组绶帽缨，班然相杂纷乱不堪呀！
郑卫的妖好珍玩，皆拿来间次陈列呀！
激楚之曲的结尾，比先前所有的音乐更为秀美呀！
赌具菎蔽、博弈象棋，还有投箸行綦的六博呀！
分开两队相互进行，转而激烈相搏呀！
完成枭首就赢双倍赌资，还高呼着出现五白呀！
晋国制作的赌具犀比，最是浪费时日呀！
撞击着钟摇动着虡，还抚奏着琴瑟呀！

欢娱畅饮，久久不停，沉醉得日复继夜呀！
兰芳的膏油、明亮的蜡烛，以及华丽的灯都已点亮呀！
结系上至深的思念，就像兰花的芳香并至呀！
人有所思念时，就书写下同心的诗篇呀！
畅饮醇酒，宾主尽欢，连先人也感极乐安康呀！
灵魂呀！回来吧！快回到故居呀！

此段铺张楚国饮宴后的余兴节目，赌博之盛，以吸引灵魂的归来。当然在饮宴的享乐上，赌博的余兴已经登场，正表示狂欢近乎尾声。从各段中对楚国物质文明的种种铺张描述，确实让我们惊叹不已，想不到两千余年前，楚国已经有这么高度的文明成就。或许有人会说《招魂》只是一种仪式，对被招者的灵魂总要提出最优惠的待遇，以诱引其回到故乡。但从楚民族对重淫祀、祭鬼神的笃信程度上看，这应该是部分贵族生活的真实反映。

《招魂》第十五段，也是尾声，原文与语译如下：

乱曰：
献岁发春兮，汩吾南征，
菉苹齐叶兮，白芷生。
路贯庐江兮，左长薄[1]，
倚沼畦瀛兮，遥望博。

1 旧注以长薄为地名。

青骊结驷兮，齐千乘，
悬火延起兮，玄颜烝。
步及骤处兮，诱骋先，
抑骛若通兮，引车右还。
与王趋梦兮，课后先。
君王亲发兮，惮青兕，
朱明承夜兮，时不可以淹。
皋兰被径兮，斯路渐。
湛湛江水兮，上有枫，
目极千里兮，伤春心。
魂兮归来哀江南！

尾声：
一年的岁首，初春的时分啊，我匆忙地前往南方。
菉草和水苹的新叶齐萌生啊，白芷也透露出新芽。
路过庐江啊，左边是一片绵延的水草丛聚。
倚立在沼泽和瀛池的旁边啊，遥望前方的空旷平野。
乘着青骊的驷马啊，齐聚了何止千乘。
熊熊的火把绵延不绝啊，连天的颜色也熏黑。
狩猎者有步行、有骑马啊，而我独驰骋为君王先导。
控制狂奔的骏马顺习猎事啊，随时会引车右旋。
和君王直驱云梦大泽啊，还要一决先后胜负。
君王亲自发出箭矢啊，吓得青兕乱窜。
白日承续着黑夜啊，时光的消逝是永不停止。

山皋上的兰花已披盖小径啊，这里的路已渐渐不见。
湛湛的江水啊，岸上依然有枫；
目光所及迢迢千里啊，却引起我更复杂的伤春之心。
灵魂啊，回来吧！哀悼这样的江南春景。

此段“乱曰”，除了是音乐上的尾声之外。从它与首段呼应的密切程度看，也透露了被招魂者的身份，他曾经与怀王并驾齐驱在云梦大泽上狩猎。最后更以描写旧地重游时的伤感作结，所以屈原就是被招魂者的身份已隐然若现。蒋骥就直指，此篇是屈原再放江南时继《怀沙》之后而作。

拾壹

魂兮归来尚三王——《大招》

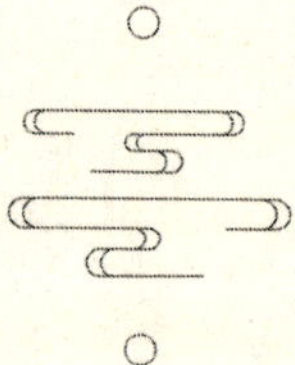

一、《大招》的作者与所招之人

我之所以把《大招》也列入屈原的作品加以介绍，是王逸《楚辞章句》中已经有这种想法。他说："大招是屈原所作，有人怀疑是景差，已不能完全清楚辨明。"不过洪兴祖《补注》已经怀疑非屈原作品，朱熹《楚辞集注》则以为是景差，林云铭《楚辞灯》又以为是屈原。及至游国恩《楚辞概论》，他将《大招》与《招魂》两篇的音乐、饮食做一比较，以为《大招》的作者当非楚国人；并以"青色直眉"，训"青"为"黑"，乃秦以后用语。所以游氏又定《大招》为西汉初年无名氏的作品。说法竟是如此纷纭而莫衷一是。

至于《大招》所招者为何人之魂？王逸的说法，大意是：

屈原放逐九年，忧思烦乱，精神与形体分散，恐怕生命将终，有许多事没法完成。所以愤然大招其魂；盛称楚国的安乐，推崇怀、襄的德政，以比配三王的能用贤举才，应该辅佐国家完成治国大业。屈原以此讽谏，借以达成未完成的心志。

文中，“其”字究竟指谁？语义模棱两可，若为屈原所作，“其”字文义属上，则显为自招，则是招生魂；若文义属下，则所招者当为怀、襄二王，一死一生，应该无法同时招生魂死魄。又若为景差所作，则是否为招屈原之魂，内容又与屈原身份差异太大。所以王逸的说法，可疑之处甚多。

从《大招》与《招魂》二篇的结构上看，除了《招魂》有“序（首段）”和“乱”之外，正文中的招魂仪式是极为相似的。所以朱熹《楚辞集注·大招叙》就直呼《招魂》为“小招”。一般以为称《招魂》为“小招”只是和《大招》做区别。而笔者以为，以“大、小”区别，也与两篇书写的内容与气势有关;《大招》末段所描写的被招魂者，显然具有帝王的荣衔。文中提到的部众有“三圭重侯，听类神只”和“三公穆穆，登降堂只。诸侯毕集，立九卿只”；提到的疆域，则是“北至幽陵，南交阯只。西薄羊肠，东穷海只”，这种雍容气象、浩大场面，既言国家的疆域，又叙百官朝圣的盛况，与《招魂》的内容相较，《招魂》自然相形见绌，不得不目之为“小招”。而被招魂者就绝非屈原之身份可以承受得了。

二、《大招》的语译和结构分析

《大招》篇共分二十五段，每段的文字都十分精简，段末都以“魂魄归来”一句作结语。末尾的语气词则用“只”字，和《招魂》的用“些”字不同。全文中除了“南有炎火千里”一句为六字句，“无南无北只”“溺水浟浟只”“上下悠悠只”“汤谷寂寥只”“代水不可涉”“深不可测只”“乐不可言只”等七句为五言句外，其余都是四字句，与《诗经》体是比较接近的，而且文词古朴，朗读的声音和节奏也比较庄严肃穆。

现分段语译及分析于下：

第一段，说明招魂仪式的举行是在冬末初春之时，也正是生意萌发，阴气未消，对灵魂是充满伤害的，所以警告灵魂千万不可远遥。

青春受谢，白日昭只。

春气奋发，万物遽只。
冥凌浃行，魂无逃只。
魂魄归来！无远遥只。

春天的青葱笼罩大地，阳光明朗无比呀！
春天的气息奋发洋溢，万物竞生不已呀！
玄溟的凌厉依然周行，灵魂还是无所逃逸呀！
灵魂啊！回来吧！千万不要远遥他地呀！

第二段则警告灵魂不可以前往东方，东方有溺人的大海，并游的鰗龙，都不足为奇，但东方有一片冰冻的景象，以楚国的疆域而言，则较为少见。由此观之，《大招》或许不是楚人的作品。

魂乎归来！
无东无西，无南无北只。
东有大海，溺水浟浟只。
螭龙并流，上下悠悠只。
雾雨淫淫，白皓胶只。
魂乎无东！汤谷寂寥只。

灵魂啊！回来吧！
不要往东，不要往西，不要往南，也不要往北呀！
东有大海，溺人的恶水湍急呀！

魑龙并游，忽上忽下随波争逐呀！
又雾又雨，长年不断，大地是一片皓白的胶冻呀！
灵魂啊！不要往东方，汤谷是寂寞死城呀！

第三段，警告灵魂不可以前往南方，对南方的描写，除了以炎火千里形容酷热外，其他都是野兽和虫蛇。

魂乎无南！
南有炎火千里，蝮蛇蜒只。
山林险隘，虎豹蜿只。
鰅鳙短狐，王虺骞只。
魂乎无南！蜮伤躬只。

灵魂啊！不要往南方！
南方是火焰千里，蝮蛇蔓延呀！
山林险隘，虎豹匍匐徘徊呀！
遍野是鰅、鳙和短尾狐，还有昂首吃人的王虺呀！
灵魂啊！不要往南方！还有含沙射影的蜮要伤害你呀！

第四段，警告灵魂不可以前往西方，西方有广大的沙漠和猪头、纵目、长爪、锯牙的怪兽。

魂乎无西！
西方流沙，漭洋洋只。

豕首纵目，被发鬤只。
长爪踞牙，诶笑狂只。
魂乎无西！多害伤只。

灵魂啊！不要往西方！
西方有流动的沙漠，广大茫洋呀！
猪头纵目的怪兽，披着头发蓬乱无常呀！
长长的爪子，钢锯般的锐牙，嬉笑发狂呀！
灵魂啊！不要往西方！有太多伤人的祸患呀！

第五段，警告灵魂不可以前往北方，北方有赤色烛龙盘踞的寒山，不可涉渡的代水以及皓皓的白雪。

魂乎无北！
北有寒山，逴龙赩只。
代水不可涉，深不可测只。
天白颢颢，寒凝凝只。
魂乎无往！盈北极只。

灵魂啊！不要往北方！
北方有寒山，是赤色烛龙的地盘呀！
代水大到无法涉渡，深得无从检测呀！
天色是皓皓的白，气候是寒冷得凝固呀！
灵魂啊！不要往北方！何必去充填北方极地呀！

第六段开始铺叙楚国之美，首叙心灵的闲安愉悦，是长寿之乡，以吸引灵魂能回到楚国。

魂魄归来！闲以静只。
自恣荆楚，安以定只。
逞志究欲，心意安只。
穷身永乐，年寿延只。
魂乎归来！乐不可言只。

灵魂啊！回来吧！楚国是闲适又清静呀！
自由自在的荆楚，到处是安全又稳定呀！
满足心志、达成欲望，心满意安呀！
终身永乐，年寿绵长呀！
灵魂啊！回来吧！ 此地的乐趣是不可言传呀！

第七段，铺叙楚国的饮食之美，以吸引灵魂归来。其中较特殊的一道野味是豺肉做的羹汤。

五谷六仞，设菰梁只。
鼎臑盈望，和致芳只。
内鸧鸽鹄，味豺羹只。
魂乎归来！恣所尝只。

五谷堆积盈仓，还陈设了菰米和高粱呀！
鼎镬中煮熟的食物满满，调和的香气芬芳呀！
肥美的鸧、鸽、大鹄，以及调味的豺肉羹汤呀！
灵魂啊！回来吧！任你恣意品尝呀！

第八段，继续铺叙楚国的饮食之美，以吸引灵魂归来。可以看出调味料的使用已十分多样而精致。

鲜蠵甘鸡，和楚酪只。
醢豚苦狗，脍苴蓴只。
吴酸蒿蒌，不沾薄只。
魂兮归来！恣所择只。

鲜嫩的龟肉、甘甜的土鸡，调和着楚国的乳酪呀！
猪肉酱、苦味的狗肉，还有细碎脍炙的苴蓴呀！
吴地醋酸味的蒿蒌，不会多汁也不觉味薄呀！
灵魂啊！回来吧！任你恣意选择呀！

第九段，承上继续铺叙楚国的饮食之美，以吸引灵魂归来。着重的是炙、煮、蒸、煎、炸等各种烹饪的技术。

炙鸹烝凫，煔鹑陈只。
煎鲼臛雀，遽爽存只。
魂乎归来！丽以先只。

火炙的麋鸹、蒸煮的野鸭，还陈设着油煎鹌鹑呀！

煎炸的鲫鱼、水煮的黄雀，一道道快速送到面前呀！

灵魂啊！回来吧！美味的食物总是以你为先呀！

第十段，承上继续铺叙楚国的饮食之美，以吸引灵魂归来。着重在各式的酒类。

四酎并孰，不涩嗌只。

清馨冻饮，不歠役只。

吴醴白糵，和楚沥只。

魂乎归来！不遽惕只。

四道蒸馏的醇酒都已熟酿，不会苦涩也绝不沾喉呀！

清香的酒冷冻着喝，更是不肯辍口呀！

吴国的醴和白曲，再调和上楚国的沥酒呀！

灵魂啊！回来吧！在此地永远也无须戒惕呀！

第十一段，铺叙楚国的音乐之美，以吸引灵魂归来。而代、秦、郑、卫、楚、赵各国的名曲都已凑集。

代秦郑卫，鸣竽张只。

伏戏驾辩，楚劳商只。

讴和扬阿，赵萧倡只。

魂乎归来！定空桑只。

代秦郑卫的乐工齐聚，响亮的竽音为开张呀！
演奏着伏羲的驾辩，还有楚国的劳商呀！
徒歌则是阳阿，赵国的箫声导引先唱呀！
灵魂啊！回来吧！等你来厘定名瑟空桑呀！

第十二段，铺叙楚国的舞蹈和音乐之美，以吸引灵魂归来。舞蹈和音乐的齐奏，场面热闹而不杂乱。

二八接舞，投诗赋只。
叩钟调磬，娱人乱只。
四上竞气，极声变只。
魂乎归来！听歌譔只。

十六人接续起舞，节奏都附和着诗赋雅乐呀！
叩击着钟，调弄着磬，最娱人的当属曲中之乱呀！
四种乐声竞相引气，极尽了声调之变化呀！
灵魂啊！回来吧！好听的歌曲都已齐具呀！

第十三段，铺叙楚国的女子之美，以吸引灵魂归来。描写以唇、齿及体态为主，兼及品德。

朱唇皓齿，嫭以姱只。

比德好闲，习以都只。
丰肉微骨，调以娱只。
魂乎归来！安以舒只。

朱红的嘴唇，皓白的牙齿，姿仪俏美又娇柔呀！
德行并比，又好闲静，都把展现美态当成了常仪呀！
丰满的胴体，纤小的骨架，懂得调笑欢娱呀！
灵魂啊！回来吧！此处是安闲又舒适呀！

第十四段，继续铺叙楚国的女子之美，以吸引灵魂归来。描写以双眸、眉毛、朱颜及仪态为主。

嫭目宜笑，娥眉曼只。
容则秀雅，稚朱颜只。
魂乎归来！静以安只。

明亮的双眸，娇巧的笑颜，还有长长的眉毛呀！
容貌仪态都十分秀雅，还有稚嫩朱红的颜面呀！
灵魂啊！回来吧！此处是宁静而安闲呀！

第十五段，继续铺叙楚国的女子之美，以吸引灵魂归来。描写以体态修长、丰颊、倚耳、曲眉、小腰、秀颈为审美标准。其中“鲜卑”是指衮带的头部，既用此名，与胡服应有关系。

姱修滂浩，丽以佳只。
曾颊倚耳，曲眉规只。
滂心绰态，姣丽施只。
小腰秀颈，若鲜卑只。
魂乎归来！思怨移只。

窈窕修长，雍容大方，真是丽质又婉顺呀！
丰润的面颊，伏贴的双耳，还有弯弯的眉毛像半规呀！
宽厚的心地，绰约的态度，姣美都展现无遗呀！
细小的腰肢，秀长的脖子，看起来像衮带鲜卑呀！
灵魂啊！回来吧！把一切的思念和恩怨移开呀！

第十六段，继续铺叙楚国的女子之美，以吸引灵魂归来。描写以女子的平易近人，心思巧慧，善于殷勤待客为主。

易中利心，以动作只。
粉白黛黑，施芳泽只。
长袂拂面，善留客只。
魂乎归来！以娱昔只。

平易近人，心思巧慧，都表现在言行上呀！
粉白的脸颊，黛黑的规眉，又抹了芳香的膏泽呀！
长袂半掩羞面，又善于殷勤待客呀！

灵魂啊！回来吧！此处可以长夜娱戏呀！

第十七段，继续铺叙楚国的女子之美，以吸引灵魂归来。描写以女子的眉、目、面颊、贝齿兼及胴体和骨架为主。

青色直[1]眉，美目婳只。
靥辅奇牙，宜笑嗎只。
丰肉微骨，体便娟只。
魂乎归来！恣所便[2]只。

青黛画在眉上，眼神更显得黠慧呀！
脸上有对酒窝，编贝似的牙齿，笑颜更显得美丽呀！
丰满的肌肤，看不见颧骨，胴体婀娜多姿呀！
灵魂啊！回来吧！此处可以任你行事便宜呀！

第十八段，铺叙楚国的建筑及庭园之美，以吸引灵魂归来。描写除房舍厅堂外，更兼及春天畋猎的乐趣。

夏屋广大，沙堂秀只。
南房小坛，观绝霤[3]只。
曲屋步壛，宜扰畜只。

1　直：值也。当也。
2　便：音 biàn。
3　绝霤：屋檐下盛雨水的沟槽。

腾驾步游，猎春囿只。
琼毂错衡，英华假只。
茝兰桂树，郁弥路只。
魂乎归来！恣志虑只。

厦屋又宽广又高大，丹砂涂饰的厅堂更是秀丽呀！
朝南的内房，小巧的中坛，可以观赏盛雨水的绝霤呀！
曲折的周阁，步行的长廊，最适宜六畜的驯养呀！
可乘车，可步游，狩猎在春天的苑囿呀！
琼玉饰车毂，黄金崁车衡，英武华美到了极致呀！
茝兰和桂树，浓郁弥漫在衢路呀！
灵魂啊！回来吧！此处能让你志虑任意翱翔呀！

第十九段，继续铺叙楚国庭园中的珍禽之美，以吸引灵魂归来。各种珍禽并畜，最后并以象征仁德的凤凰作结，以展现被招魂者的身份不凡。

孔雀盈园，畜鸾皇只！
鹍鸿群晨，杂鹙鸧只。
鸿鹄代游，曼鹔鹴只。
魂乎归来！凤凰翔只。

孔雀栖满了庭园，还畜养了鸾鸟和凤凰呀！
群群的鹍、鸿在晨间齐鸣，还夹杂了鹙、鸧呀！

鸿、鹄往来游戏，鹔、鹴漫天飞舞呀！
灵魂啊！回来吧！象征仁德的凤凰正在翱翔呀！

第二十段，盛赞被招魂者的血气仍盛，本该归来故国，永保寿命，以享爵禄。

曼泽怡面，血气盛只。
永宜厥身，保寿命只。
室家盈廷，爵禄盛只。
魂乎归来！居室定只。

曼丽的光泽，愉悦的颜面，正显示出血气旺盛呀！
永远维系着你的健康，保证寿命绵长呀！
室家盈满于朝廷为官，爵禄繁昌呀！
灵魂啊！回来吧！家室已经稳定了呀！

第二十一段，盛赞被招魂者的身份地位以及明察民瘼的政绩。

接径千里，出若云只。
三圭重侯，听类神只。
察笃夭隐，孤寡存只。
魂兮归来！正始昆只。

接壤的土地辽阔千里，出巡时人多如浮云呀！
三圭、重侯，听审善恶就像神呀！
明察民瘼、病痛和隐情，使孤儿寡妇都得到了存问呀！
灵魂啊！回来吧！你已树立了光耀祖先扶正后嗣的典范呀！

第二十二段，继续盛赞被招魂者的身份地位以及推行政教的赏罚严明。

田邑千畛，人阜昌只。
美冒众流，德泽章只。
先威后文，善美明只。
魂乎归来！赏罚当只。

农村、城邑的道路成千上万，人口更是繁昌呀！
美政普施百姓众多，德泽更是明显著彰呀！
先严厉执法，后推行文教，善美分明呀！
灵魂啊！回来吧！这里的赏罚精当呀！

第二十三段，盛赞被招魂者的德政令誉如日中天，疆域之中万民景从。本该留在故国接受尊崇。

名声若日，照四海只。
德誉配天，万民理只。

北至幽陵，南交趾只。
西薄羊肠，东穷海只。
魂乎归来！尚贤士只。

你的名声如日中天，照耀着五湖四海呀！
德政的令誉可比上天，统御万民有条有理呀！
北到幽陵，南界交趾呀！
西近羊肠，东穷大海呀！
灵魂啊！回来吧！此处是最崇尚贤士的地方呀！

第二十四段，盛赞被招魂者的德政；禁苛暴而举用贤才，被招魂者本该留在故国，好好为国家效力。

发政献行，禁苛暴只。
举杰压陛，诛讥罢只。
直赢在位，近禹麾只。
豪杰执政，流泽施只。
魂乎归来！国家为只。

推行政令之始，首在禁止苛税暴虐呀！
举拔杰出人才为政，诛罚讥切的刑法自然罢止呀！
刚正直言者在位，就能接近夏禹的勤政标帜呀！
豪杰执政，就能让惠泽像甘霖般普施天下呀！
灵魂啊！回来吧！好好为国家效力呀！

最终，第二十五段，则盛赞被招魂者的身份地位，朝廷之上，文武百官毕集，是一个重视揖让之礼的泱泱大国。整篇文章从“凤凰翔只”的描写开始，就像剥笋式地层层刻画了帝王丰功伟业的形象。

雄雄赫赫，天德明只。
三公穆穆，登降堂只。
诸侯毕极，立九卿只。
昭质[1]既设，大侯[2]张只。
执弓挟矢，揖辞让只。
魂乎来归！尚三王只。

雄雄赫赫的国威，是印证了天德的圣明呀！
三公辅政严谨肃穆，登降上下忙碌在议事堂呀！
诸侯都到齐了，两旁还站立着九卿呀！
显明的标的已经陈设，大大的射布也已张开呀！
执弓挟矢，雁行有序，相互作揖又辞让呀！
灵魂啊！来归吧！此处是崇尚三王的地方呀！

1 质：谓射侯时所画之地。如白质、赤质。
2 侯是射布，上画虎、豹之形，称虎侯、豹侯。